2008

中国金融工具创新报告

ZHONGGUO JINRONG GONGJU CHUANGXIN BAOGAO

主编 孟 辉 杨如彦

中国金融出版社

责任编辑：亓　霞
责任校对：张志文
责任印制：丁淮宾

图书在版编目（CIP）数据

中国金融工具创新报告 . 2008（Zhongguo Jinrong Gongju Chuangxin
Baogao. 2008）/孟辉，杨如彦主编 . —北京：中国金融出版社，2008. 9
ISBN 978 - 7 - 5049 - 4762 - 8

Ⅰ. 中…　Ⅱ. ①孟…　②杨…　Ⅲ. 金融创新—研究报告—中国—
2008　Ⅳ. F832

中国版本图书馆 CIP 数据核字（2008）第 116054 号

出版
发行　**中国金融出版社**

社址　北京市广安门外小红庙南里 3 号
市场开发部　（010）63272190，66070804（传真）
网上书店　http://www.chinafph.com
　　　　　　（010）63286832，63365686（传真）
读者服务部　（010）66070833，82672183
邮编　100055
经销　新华书店
印刷　保利达印务有限公司
尺寸　185 毫米×260 毫米
印张　12. 25
字数　233 千
版次　2008 年 9 月第 1 版
印次　2008 年 9 月第 1 次印刷
印数　1—2090
定价　32. 00 元
ISBN 978 - 7 - 5049 - 4762 - 8/F. 4322
如出现印装错误本社负责调换　联系电话（010）63263947

总序

□成思危

　　为了组织和促进中国金融工具及其创新的研究工作，中国科学院研究生院和北京天则经济研究所合作组织了一个学术委员会，我觉得很有意义。金融工具创新是虚拟经济领域中最活跃的一部分，有针对性地研究总结中国金融市场的实践经验，从中发现一些规律，指导今后的金融实践，规范和发展金融市场，防范和化解金融风险，更加充分地发挥虚拟经济对实体经济发展的促进作用，都具有重要的意义。

（一）　虚拟经济和金融创新

　　中央明确提出，要推进资本市场的改革开放和稳定发展，处理好虚拟经济和实体经济的关系，深化分配制度改革，健全现代市场经济的社会信用体系，稳步推进利率市场化改革，优化金融资源配置，加强金融监管，防范和化解风险，使金融更好地为经济社会发展服务。这些重要的论述，为我们通过金融工具及其创新的研究，进一步促进虚拟经济的发展指明了方向。

　　我个人认为，所谓虚拟经济是指与虚拟资本以金融系统为主要依托的循环运动有关的经济活动，简单地说就是直接以钱生钱的活动。在人类社会发展的进程中，由于实物商品交换的局限性日益凸显，因而产生了作为一般等价物的货币。当人们手中拥有多余的货币后，就开始产生私人之间的借贷行为，从而使得人们手中的闲置货币成为生息资本。随着生息资本的社会化，就产生了资金供求双方运用各种金融工具实现借贷行为的金融市场。按照传统的金融理论，可以按信用期限在一年以上或以下将金融市场分为资本市场与货币市场两大类，也可将前者称为中长期资金市场，而将后者称为短期资金市场。在资本市场中有权益融资（equity financing）和负债融资（debt financing）两种融资方式，而在货币市场上则主要是负债融资。

当人们手中有了闲置货币之后，除了扩大消费和增加储蓄以外，还会产生用它们来投资获利的愿望。从虚拟经济的观点来看，所有的金融市场工具都是虚拟资本，当投资者用其手中的闲置货币购买金融市场工具时，实际上就是用他对这些货币的使用权交换到一份权益证书，于是他就对金融市场工具发行者的未来收入及资产具有要求权。因此，人们在进行投资决策时必须考虑三个问题：一是预期的收益有多大；二是这一收益是否真正能够拿到手；三是急需时能否迅速收回现金。也就是说，投资者在投资前必须在拟购买的金融市场工具的收益性、安全性和流动性三者之间进行权衡。从理论上说，金融市场工具的收益性与安全性呈负相关关系，也与流动性呈负相关关系，因而其安全性与流动性呈正相关关系。为了满足不同投资者的需求，就出现了各种各样的金融市场工具。

金融市场工具一般可以根据其信用期限在一年以上或以下而分为两类：一类是资本市场工具，包括股票、抵押贷款、公司债券、一年期以上的国库券、消费者贷款及银行商业贷款等。另一类是货币市场工具，包括一年期以下的国库券、大额可转让存单、商业票据、银行承兑票据、回购协议、同业拆借协议等；也可按照投资的性质而将金融市场工具分为权益工具和债务工具两大类。投资者只能从权益工具的发行者那里收取红利而不能直接收回本金，但可以从债务工具的发行者那里收回本利。

二级金融市场的存在使投资者可以随时将其手中的金融市场工具出售而变成现金，从而大大改善了金融市场工具的流动性；但由于金融市场工具的二级市场价格是不确定的，投资者将其变现时既可能获得高额的收益，也可能遭受巨大的损失，故有人将金融市场工具戏称为"纸面上的钱"（papermoney）。按照上述观念，可以认为货币市场是偏重流动性的债务工具市场，股票市场是偏重收益性的权益工具市场，而债券市场是偏重安全性的债务工具市场。

金融创新是指用新的金融产品或服务来代替或补充已有的金融工具，并在实践中被市场广泛接受。20世纪50年代末期，在英国出现了同贴现市场平行的各种新型货币市场，其中最重要的是1957年前后在伦敦开始出现的欧洲美元市场。从60年代开始，美国通货膨胀率和利率都急剧上升，再加上计算机技术迅速发展、国际金融市场逐渐走向集成化、汇率和利率的波动难以预料及控制等因素，都使得金融风险增大，从而大大改变了金融市场的供求状况。许多金融机构发现其传统的金融服务和金融产品市场需求日益下降，旧的经营方式不再有利可图，而且运用传统的金融工具已难以吸引其赖以生存的资金。为了求得生存和发展，金融机构不得不努力进行金融创新，研究和开发新的产品和服务，以防范金融风险，保证交易安全，规避金融监管并降低交易成本。通过金融工具创新所产生的金融衍生产品大体上可以分为利率合约、外汇合约、权益相关合约和其他合约四类。

20 世纪 70 年代以后，随着金融创新的发展，在美、英等国家还出现了金融衍生产品市场。这种市场大体可以分为两类：一类是由银行发行的金融产品所组成的市场，称为柜台交易，其市场交易多通过电话网络完成；另一类是由金融期货交易所组织起来的有形市场。衍生市场所交易的货币衍生产品包括远期合约、货币和利率转换、远期利率协议和金融期货期权等。

将虚拟经济作为一种新的经济活动模式与实体经济区分开来，对我们进一步了解和运用经济规律具有重要的意义。2000 年年底全球虚拟经济的总量已达到 160 万亿美元，其中股票市值和债券余额约为 65 万亿美元，金融衍生工具柜台交易余额约为 95 万亿美元，而当年各国国民生产总值的总和只有约 30 万亿美元。全世界虚拟资本日平均流动量高达 1.5 万亿美元以上，大约是世界日平均实际贸易额的 50 倍，也就是说，世界上每天流动的资金中只有 2% 真正用在国际贸易上，其余都是在金融市场中进行以钱生钱的活动。可以预计，随着电了商务和电子货币的发展，虚拟经济的规模还会进一步膨胀。

（二）中国金融创新的现状和展望

改革开放以来，在邓小平理论的指引下，中国的金融市场一直在稳步发展，各个要素市场逐步建立并不断完善，银行业从简单的存贷业务，到复杂的一些结算业务，再到后来的票据业务，其间接融资的功能逐步得到发挥。证券市场、货币市场、期货市场也在改革中诞生，并在不断总结经验教训的基础上得到发展。通过《商业银行法》、《证券法》、《信托法》等法律的制定和实施，中国已成功构建了一个全国统一的金融市场体系，打破了条块分割、部门分割和行业分割的不利局面，并初步建立了监管体系。在广大投资者的广泛参与下，中国股市取得了较快的发展，对一些上市公司进行了产权改造，出现了股份制银行，这些都为中国金融市场体系的建立和发展奠定了坚实的微观基础。到 2002 年年底，中国共有境内上市公司（A、B 股）1 224 家，境外上市公司（H 股）73 家，股票总市值 38 329 亿元，投资者开户数为 6 884 万人；国债发行额为 5 934 亿元，企业债发行额为 325 亿元。2002 年期货总成交额为 39 490 亿元；财产保险公司保费收入为 780 亿元，人寿保险公司保费收入为 2 274 亿元。

在中国加入世界贸易组织以后，随着各项承诺的逐步落实，以及 QFII、DR 工具和离岸金融业务的逐步开展，中国金融市场在对外开放方面越来越有经验。人们已逐渐认识到，虚拟经济对实体经济的发展具有巨大的促进作用，对各种金融工具及其创新的了解和运用也日渐加深。

但是，我们也应清醒地看到，中国虚拟经济的发展仅仅处于初级阶段，与发达国家相比还有相当大的差距。一是中国虚拟经济的规模还比较小，股市市值最高的时候也仅相当于 GDP 的 55%；而且只有 1/3 左右是流通股，债券市场和货币市场也相对较小，金融衍生产品基本上还没有发展，直接融资的规模远小于间接融资。二是中国还没有像纽约的华尔街、英国的伦巴第街等那样大规模的国际金融中心，资本流动的规模小。三是中国在如何驾驭虚拟经济方面还缺乏经验，例如在资金的运用方面，对于如何利用利率差和时间差，我们有一些经验，而对如何利用流动性差、组合差、风险差，如何在收益性、安全性与流动性之间取得最优平衡，我们就知之不多了，因此，加入世界贸易组织以后，中国在虚拟经济方面面临着严峻的挑战。四是我们识别和处理虚拟经济系统中的风险的能力还有待提高，特别是综合防范和化解各类金融市场中的风险方面的能力还比较薄弱。

发展中国虚拟经济的一项重要任务是推进金融创新，这既包括工具创新，也包括制度创新。由于金融工具创新不足，不少资金找不到恰当的投资工具，只能积聚在银行中或被挤压在一些狭小的领域内。由于市场结构不够科学合理，长期以来，金融产品收益不连续，不能很好地满足投资者的各种风险—收益偏好，名为创新实为违法的事件时有发生，而一些合理的做法因制度建设滞后而无法可依，甚至由于规章不完善，一些在国外行之有效的做法在中国发生了扭曲。

工具创新和制度创新之间是相辅相成的。金融工具创新是在既定的制度下运用金融工程的原理，针对各类投资者的不同偏好，设计出各种新的金融产品和服务，并通过实践在金融市场中逐步扩散。金融工具创新在给投资者带来新的投资机会的同时，也会给投资者创造新的投机机会。为此，必须同时进行制度创新，用法律、行政和经济手段来建立新的体制和机制，以保障投资者的合法权益，防止因过度投机而增大金融风险，而新制度的出现也往往会促使新的金融工具诞生。

（三）努力推进中国金融工具及其创新的研究

中国在发展实体经济方面比较有经验，研究的成果也较多，而虚拟经济方面的研究才刚刚起步。国内目前对虚拟经济的研究大体上有三个不同的方向。第一个是偏重经济学的方向。有些经济学家从传统的理论经济学中财富和价值的角度来研究虚拟经济，由于价值是经济活动过程的抽象，是理论经济学的基石，而原来的价值系统是以实体经济为主的，因此他们认为研究虚拟经济就是研究虚拟的价值系统。第二个是偏重金融学的方向。金融界有不少人认为虚拟经济研究就是金融研究。有些人认为虚拟经济就是金融，因此根本没有必要研究虚拟经济；还有些人认为有必要研究虚拟经济，但他们主要是从金融的角度来研究，例如他们认为金融分为三个层次：货币、有价证券和金融衍生工具，这三个层次都有与虚拟经济相对应的问题。第三个是偏重系统科学的方向。我认为从系统科学的角度来看，虚拟经济是与实体经济相对应而在经济系统中存在的经济活动模式（包括结构及其演化）；可以认为，实体经济是经济中的硬件，虚拟经济是经济中的软件，它们是相互依存的。我认为以上三个研究方向并不冲突，而是可以互相促进，互相补充，有助于更全面地认识虚拟经济，最后殊途同归。

金融工具的研究是虚拟经济研究的重要组成部分，为此应当努力推进中国金融工具及其创新的研究。

首先，研究金融工具要有科学的态度和方法。我认为，虚拟经济的基本研究方法应当是在唯物辩证法指导下的复杂科学（系统科学发展的高级阶段）方法，主要是定性判断与定量计算相结合、微观分析与宏观综合相结合、还原论与整体论相结合、科学推理与哲学思辨相结合。在金融工具的研究方面也应注意运用上述基本方法，同时还要运用数理金融学、行为金融学、不确定条件下的决策技术、复杂数据分析技术、计算机模拟、计算智能、数理逻辑等各种先进的理论和方法。

其次，在研究中要努力学习和创新。由于中国在金融工具及其创新方面还缺少实践经验，故应当认真学习国外的金融理论、研究成果及实践经验，但一定要结合中国的实际情况加以运用，避免盲目照搬；而且要在不断积累实践经验的基础上进行理论创新，逐渐形成既能与国际接轨，又适合中国国情的金融工具体系。

再次，要注意研究成果的有效性。研究金融工具的目的是为了揭示其形成和发展过程中内在的规律，以指导和规范未来的创新，而且只有当一项新的金融产品或服务真正被市场接受时，才能称得上是金融创新。

最后，要注意人才的培养和研究群体的组织。目前中国研究金融工具及其创新的人才十分缺乏，要在知名的高等院校及中科院、社科院等单位设置这方面的硕士点和博士点，鼓励有金融方面实践经验的人员报考；要在国内重点支持几家水平较高的研究群体，鼓励他们与国外开展学术交流，合作研究，举办国际学术会议，努力逼近国际水平。

中国金融工具及其创新的研究和实践虽然历史较短，但改革开放的不断推进必将为中国虚拟经济的发展创造有利的条件。我衷心地希望"中国金融工具创新年度系列报告"能够每年坚持出版，吸引越来越多的有志之士关心、支持和参与金融工具及其创新的研究和实践，共同推动中国金融市场和虚拟经济快速、持续、健康发展。

二〇〇三年七月

目　录

第一章 "金融脱媒"背景下的金融创新：结构和线索

　　2007 年，宏观经济的走势和金融调控政策的交互作用仍是构成金融工具创新的主线。与 2006 年相比，通货膨胀压力是 2007 年宏观经济最突出的特点，在这一背景下，银行存款的负利率催生了居民金融资产结构性调整，"金融脱媒"的迹象日益明显。"金融脱媒"有力地推动了直接融资市场的发展，各类服务于直接融资市场的融资工具和理财产品创新层出不穷，成为推动 2007 年金融工具创新的重要动力，这一态势与上期报告中对 2007 年金融产品预测的趋势基本吻合。

　　直接融资市场快速发展，对银行体系的影响日益明显，同时由于直接融资下投资者风险承担的机制尚未真正建立，这种快速发展可能诱发潜在的风险，美国次贷危机的爆发充分说明了这一点。基于对金融创新风险的关注，有关部门推动金融工具创新相对谨慎，并导致了包括股指期货在内的产品创新进程有所推迟。这一变化反映了在 2007 年复杂的经济金融形势下，市场主体和政策制定者对金融创新收益和风险的不同考量。这种差异在一定程度上影响了 2007 年金融工具创新的步伐。

第一节 通货膨胀下"金融脱媒"迹象日益明显

　　与 2006 年相比，2007 年宏观经济面临的流动性过剩问题仍然存在。贸易顺差继续扩大，外汇储备余额屡创新高（图 1-1）。外汇储备的增加，进一步通过外汇占款的方式增加了中央银行基础货币投放。全年狭义货币供应量 M_1 余额 15.3 万亿元，同比增长 21%，广义货币供应量 M_2 余额

1

40.3万亿元，同比增长16.7%，高于年初确定的16%的货币供应量增长目标。

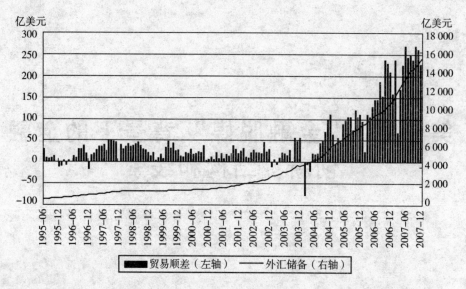

图1-1 1995年以来贸易顺差与外汇储备增长的关系

值得关注的是，2007年在食品价格大幅上涨的推动下，我国居民消费价格指数（CPI）出现了较快上涨，各季度平均同比涨幅逐步扩大，分别为2.7%、3.6%、6.1%和6.6%，全年同比上涨4.8%，比上年提高3.3个百分点，通货膨胀压力成为2007年宏观经济最明显的特征之一。在这一背景下，居民储蓄存款收益呈现负值（图1-2），诱发了居民金融资产结构的大调整。

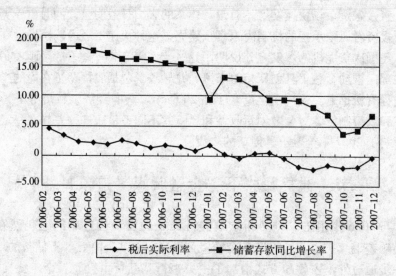

图1-2 居民储蓄存款实际利率变化情况

中国人民银行全国城镇储户问卷调查显示，2007 年第一季度以前，居民认为"储蓄"最合算的比例一直高居支出选择之首，但从第二季度起发生扭转，认为"购买股票或基金"最合算的居民占比首次超过"储蓄"的比例，达 40.2%，相差 13.9 个百分点，第三季度再升 4.1 个百分点，创44.3%的历史新高，差距进一步加大，达 19.0 个百分点。第四季度受股市调整的影响，"购买股票或基金"的比重有所下降，为 35.8%，但仍高于2007 年第一季度 30.3%的水平。

伴随着居民金融资产的结构性调整，"金融脱媒"的迹象日益明显。所谓"金融脱媒"是相对于银行的"金融媒介"来说的，通常指不经过银行媒介进行的资金融通现象，具体表现为：

在资金来源方面，银行面临多元化的投资产品的竞争，导致存款活期化趋势明显。2007 年年末，金融机构居民户人民币存款余额 17.6 万亿元，同比增长 6.8%，增速比上年低 7.8 个百分点，比年初增加 1.1 万亿元，同比少增 9 598 亿元，其中定期存款同比少增 8 974 亿元。居民户金融资产选择趋于多元化，存款意愿下降是居民户存款增加明显放缓的主要原因。非金融性公司人民币存款余额 18.9 万亿元，同比增长 22.4%，增速比上年高 5.1 个百分点，比年初增加 3.5 万亿元，同比多增 9 637 亿元，其中，企业活期存款同比多增 6 035 亿元。非金融性公司存款增加较多主要是因为企业利润上升及市场筹资较多，资金较为充裕。

在资金运用方面，资金需求者更多地利用直接融资市场进行融资，导致贷款需求减少。2007 年，人民币贷款规模虽然继续保持增长，同比增速16.1%，增速比上年高 1 个百分点，但股票、债券等直接融资规模增长更加迅速，特别是股票市场，2007 年全年累计筹资规模达 7 728 亿元，同比增长 217.8%。2007 年，直接融资占全社会融资额的比例为 23.9 %，比2006 年上升了 5.9 个百分点，银行主导的融资格局受到一定程度的冲击（图 1 - 3）。

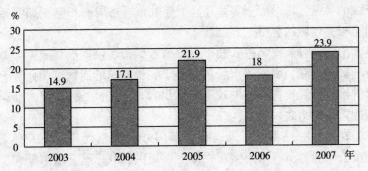

资料来源：中国人民银行。

图 1 - 3　直接融资占社会融资总额的比例

第二节　"金融脱媒"背景下金融工具创新的线索

"金融脱媒"对整个金融体系的影响是深远而巨大的，在 2007 年最直接的影响就是在负利率的背景下，居民重新配置金融资产的需求首先催生了各种新的投资理财工具，特别是股权类产品的创新。

线索一：居民金融资产的重配催生股权类理财产品创新。

股权的收益特征使得其能够分享通货膨胀带来的资产增值收益，成为居民金融资产配置的主要领域，这一需求为相关投资股票的理财产品的发展和创新提供了契机。

证券投资基金是储蓄存款向股票投资转化的主要金融工具，在 2007 年得到迅猛发展，规模迅速扩张。但总体而言，证券投资基金类型较为单一，投资策略趋同，因此，创新基金类型，为投资者提供差异化的产品是 2007 年各类基金产品创新的重要特点：国投瑞银按照"结构分级"思路推出了瑞福优先和瑞福进取两类基金，满足了不同风险偏好投资者的需求；工银瑞信红利股票基金采取"开放式基金封闭化管理"的模式，通过延长封闭期至一年规避短期市场赎回所带来的流动性压力；大成优选创新基金作为封闭式基金，通过引入"救生艇"条款控制基金折价率，保护基金持有人利益。

在证券投资基金快速发展的同时，私募基金也得到迅猛的发展。借助信托公司搭建的平台，私募基金实现了"阳光化"，成为私募信托基金。与公募的证券投资基金相比，私募信托基金投资决策灵活，投资范围广泛，投资风险多样化，满足了不同投资者的不同需求，在 2007 年也获得了迅猛增长。

线索二：股票二级市场高估值倒逼相关领域的金融创新。

各种类型投资股票的理财产品推出，进一步加剧了银行储蓄存款向股票市场分流的渠道，"金融脱媒"对整个金融市场格局的影响更加明显，进一步推动了相关领域的金融工具创新。

庞大的储蓄分流资金进入股市，导致股票市场供需严重失衡，A 股股价出现持续大幅上涨，引发了市场各方关于股价泡沫的担忧。为此，一系列增加股票供给、拓展投资渠道的政策陆续出台，"有形之手"成为推动金融工具创新的重要推力之一。

一是在增加股票供给方面，有关部门鼓励大型优质企业在 A 股上市，并为上市公司通过资产重组实现整体上市提供便利。这一政策倾向也与上市公司在高估值下多融资的动力相契合，催生了企业特别是大型企业股权融资的创新。在 IPO 方面，中国中铁首开先 A 股后 H 股的发行模式，实现了 H 股参照 A 股定价的先例，降低了发行人的融资成本；在再融资方面，中国船舶和中国远洋通过定向增发，扩大了股本规模，实现了集团资产的整体上市；个别上市公司还利用 A 股市场和海外市场的估值差异，通过 A 股融资跨境收购的方式，支持自身的国际化业务探索。

二是在拓展投资渠道方面，QDII 试点工作取得积极进展，2007 年证券公司、基金公司的 QDII 产品正式推出，银行类 QDII 产品的投资范围进一步扩大，股票纳入了产品投资范围，有利于增强银行类 QDII 产品的收益性，提高与其他行业 QDII 产品的竞争力。债券市场发展取得突破性进展，公司债券成为上市公司新的融资渠道；企业债券规模进一步扩大，特别是中关村高新技术中小企业集合债券的发行，为中小企业债权融资探索了新的方式，这一创新对于丰富企业债发行主体、做大企业债券市场具有重要的意义。

面临 2007 年股票二级市场整体高估值的风险，市场主体也适应市场变化，通过加强面向一级市场和 Pro－IPO 市场的股权投资工具创新，来满足不同类型投资者的差异化需求。2007 年，信托公司与商业银行合作推出的"打新股"理财产品蔚然成风，此类产品充分发挥了资金的规模优势，利用现有新股发行制度下一二级市场间的高价差获取低风险的利润。个别信托公司和证券公司还联手开发了私人股权投资产品（PE），通过投资拟上市公司的股权，利用二级市场的高估值实现高收益。此类产品由于其高风险性，主要面向高端客户私募，尽管规模不大，但影响较大，在一定程度上丰富了高风险、高收益领域的金融工具种类。

线索三：商业银行经营转型的压力催生金融工具创新。

伴随着"金融脱媒"的迹象日益明显，商业银行面临的经营压力日益突出，因此经营转型的步伐有所加快，成为了推动金融工具创新的重要动力之一。一是个人理财产品成为银行产品创新的重要领域。2007 年银行理财产品创新特点突出表现在理财挂钩的基础资产更加多样，除了传统挂钩股票、基金等基础资产的产品快速增长以外，挂钩能源、贵金属等不可再生资源等非传统投资品种的产品日益增多，特别是外资银行推出的部分产品，还将产品与全球气候变暖的商业机遇挂钩，凸显了外资银行在理财产品创新方面的差异化竞争策略。二是对公金融服务集成化、品牌化趋势更加明显。单纯的融资服务已不能满足企业的多元化需要，特别是对于融资渠道多元化的大型企业而言更是如此。为此，银行在对公服务方面，更加突出自身的核心产品和品牌价值，从单一产品创新向系列产品持续创新转化。各家银行加强在如短期融资券、国内保理、企业年金等发展迅速的新兴业务领域的业务创新，并以金融市场产品线、公司金融产品线、国际结算产品线为依托全面出击，为公司客户提供更好的产品和服务。

第三节　未来金融工具创新展望

2007 年，"金融脱媒"为直接融资市场的超常规发展提供了市场基础，而直接融资市场的发展有利于改变间接融资比重过大的状况，促进融资结构的优化，因此受到了相应的政策支持。在良好的市场环境和宽松的政策背景下，各类市场主体加大了创新的力度，与直接融资相关的产品成为 2007 年创新的热点。但应该注意到，直接融资的基本原则在于投资者独立承担投资风险，而在 2007 年直接融资市场超常规发展过程中，一些不正常的现象引起了各方面的警惕。一方面，大量中小投资者直接参与高风险的股票，甚至权证交易，其风险承担能力值得担忧；另一方面，部分金融机构的误导加剧了投资品种高风险性与投资者低风险承担能力的错配。比如，信托公司与银行合作，借助单一信托的方式规避了对私募合格投资者的限制；银行推出的各类挂钩理财产品信息不透明，存在潜在信誉风险，可能存在表外业务表内化的风险；证券投资基金通过各种营销手段夸大投资业绩，导致基金规模盲目扩大，加剧股票市场供需失衡。

这些现象的出现在一定程度上表明，伴随着直接融资市场的发展，相应的配套机制仍有待完善，特别是投资者风险判断能力的缺失、金融机构对投资者审慎受托人义务的违背，这些缺陷在 2007 下半年愈演愈烈的美国次贷危机中充分暴露出来。次贷市场作为一个规模并不大的金融市场，却通过 CDO、CDS 等一系列创新的金融工具将风险在房地产市场、金融市场等各个市场领域不断地传播和放大，在这一过程中，投资银行、信用评级机构等市场中介机构因利益冲突而误导投资者，而银行、保险公司等机构投资者在未充分理解产品风险的情况下贸然参与这种高风险品种的投资造成了巨大的损失。这一系列的事件使各方面对金融创新的风险有了更深刻的认识，也使得有关部门对国内金融创新可能带来的风险给予了更多的关注，由此，股指期货等市场广为预期的金融产品推出的时间表一再推迟，个人房屋净值抵押贷款等高风险的消费信贷创新品种被要求暂停推出。

缺乏制度约束的金融创新必然带来风险。当前，国内金融市场发展时间较短，与直接融资相对应的市场约束机制尚未真正建立，投资者风险自担的意识尚待进一步强化。因此，预计在 2008 年，政府主导的金融创新工具推出的进程会更加稳妥，相关配套制度的建立和完善将为金融创新持续、健康的发展打下坚实的基础。

一是理财产品的进一步规范化。规范化的核心在于突出理财产品的表外化特征，即理财产品的投资风险应由投资者承担，而不应由推出产品的金融机构承担，否则，将对金融机构特别是银行机构的持续经营产生重大的影响。而投资者愿意自主承担风险的前提在于理财产品具备相当的透明度，投资者能够充分认识所投资产品的风险，避免投资者承担不能承担的风险，进而引发金融机构的声誉风险，这一点在 2008 年年初银行理财产品陆续出现负收益导致客户投诉风波后显得尤为突出。因此，理财产品下一步的创新应在提高信息披露的透明度以及保证投资者风险偏好与产品风险特征的一致性方面有所突破。

二是风险管理工具的进一步多样化。直接融资市场的发展使得各类市场主体面临更大的市场风险暴露。比如，在债券市场上，商业银行作为最大的机构投资者在从紧的货币政策背景下面临利率上行导致的利率风险；在股票市场上，证券投资基金等机构投资者也面临股价向价值回归的系统性风险。因此，基于避险需要的各类对应利率、股价等市场风险管理工具亟待推出，其中股指期货最值得期待。

三是服务于经济社会发展需要的金融服务和产品日益增多。我国经济社会的不断发展，对金融服务提出了新的需求，需要新的金融工具予以满足。比如，2007 年物价上涨中猪肉涨幅较高，其中一个重要原因就是供给不足。为增加供给方生产的积极性，类似生猪保险、生猪期货等金融产品被陆续开发出来，有利于降低生猪生产的风险，锁定生产的成本压力，发挥了金融支持实体经济的积极作用。2008 年这一思路会进一步拓展，特别是在 2008 年年初全国性的冰雪霜冻灾害天气中，巨灾保险的缺失，电力、交通等基础设施建设投入不足等问题充分暴露，迫切需要创新性地利用金融手段解决经济社会发展中面临的紧迫问题，这将催生巨灾保险、责任保险等一系列相关保险产品的创新。同时，为支持灾后重建，迫切需要拓展多元化融资渠道，进一步加大相关基础设施建设的力度，这将催生地方政府债券、资产支持证券等一系列新的债务工具的创新。

第二章　2007 年国债市场创新报告

□毛　颖[①]

2007 年的国债市场受内、外部因素影响颇不平静：一方面，从外部看，人民币升值压力加大，导致市场流动性过剩；另一方面，从内部看，商业银行上市后放贷冲动大增，导致中央银行持续采取偏紧的货币政策，并且股市赚钱效应也大大削弱了债券对投资者的吸引力，最终导致债券市场成为流动性充裕下最不充裕的市场——所有紧缩政策叠加在债券市场。不仅如此，2007 年的通货膨胀率达到 4.8%，远超高 2006 年 1.5% 的水平，通货膨胀显著变化伴随着市场收益率的不断上升，使得大多数尚未从低通货膨胀的惯性思维摆脱出来的投资者惊讶不断。

2007 年的产品创新，是由一件看起来完全不相关的事情开始引发的，这就是新《企业会计准则》的实施。新《企业会计准则》进行了原则调整，最重要的是引入了公允价格。每一只证券都必须按照公允价格进行合理估值，并在相应的会计报告期进行披露。新《企业会计准则》从 2007 年 1 月 1 日开始实施，为了保证数据的可比性，要求前一年的数据也要回溯调整，即对 2006 年的证券价格也要按照公允价格进行估值定价。

在这种情况下，以询价交易为主的银行间债券市场迫切需要一个市场公认的定价基准来满足会计准则的要求，从而引发了市场各参与主体的研发和体制创新。中央银行首先颁布了《全国银行间债券市场做市商管理规定》，做市商报价的积极性和报价数量、连续性都显著增加。最重要的登记结算机构——中央国债登记结算公司构建了每只债券的逐日定价序列，各债券市场估值成为连续的可观察的定价。Reuters 则另辟蹊径，对关键年期的各类金融品种〔中央银行票据（以下简称央票）、国债、金融债、利率互换等〕构

---

① 经济学硕士，现任职于中信基金管理公司。

建了买卖询价序列，并通过扣除偏离较大的两个最高值和最低值，剩余算术平均得到了关键年期的各类金融品种的二级市场报价历史数据。

会计制度要求的强制性和统一性使得市场参与主体不得不用近似的方法对债券进行定价，并据此进行沟通和交易，这直接促进了债券历史价格数据的连续形成，促使债券研究进一步深入，从而推动了各种基于定价差异进行套利的投资策略形成。对比 2004 年，2007 年债券市场虽然也是不折不扣的熊市，但是投资者却没有像 2004 年那样被动地接受，而是创造出一系列定价分析和卖空策略，这对未来的产品创新起到了不可忽视的作用。

第一节　2007 年国债市场回顾

2007 年中央银行调控政策频出，国债市场呈现收益率不断阶梯状走高的特点，波动巨大。

一、2007 年国债市场大事总结

2007 年国债市场具体大事见表 2 – 1。

表 2 – 1　　　　　　　　　2007 年国债市场大事记

日　期	事　件
1 月 4 日	上海银行间同业拆放利率（Shibor）正式发布。
1 月 5 日	中央银行公告自 2007 年 1 月 15 日起，上调存款准备金率 0.5 个百分点。
1 月 9 日	中央银行公布《全国银行间债券市场做市商管理规定》，降低了做市商准入标准，在融券、手续费、数据等方面为做市商提供了更多的便利，但同时也对其双边报价券种的数量、期限和类型提出了更多的要求。
1 月 16 日	中央银行以价格招标发行最高量达到 2 100 亿元的 1 年期中央银行票据，这是自央票发行以来单日发行量最高纪录，但由于市场流动性充裕，收益率与前周持平。
1 月 20 日	财政部公布 2007 年关键年期债券和第一季度国债发行计划。
1 月 24 日	中央银行重启 3 年期央票发行，政策从紧意图明显。
1 月 29 日	中央银行发布 2006 年度债券结算代理业务开展情况的公告。
1 月 29 日	中央银行公开市场业务操作室发布《关于 2007 年中央银行票据主要品种发行时间的通知》，明确"原则上于每周二发行 1 年期央行票据，每周四发行 3 年期和 3 个月期央行票据"。
1 月 30 日	国家开发银行 5 年期固定利率债中标利率高达 3.50%，商业化转型导致信用利差风险迅速扩大。
2 月 2 日	3 年期央票发行利率走升（从 2.97% 上升至 3.02%），投资界疑虑短端利率将在中央银行的引导下持续攀升。
2 月 9 日	中央银行发布《二〇〇六年第四季度中国货币政策执行报告》。

续表

日　　期	事　　件
2月13日	财政部办公厅和中央银行办公厅共同发布《关于所有关键期限国债开展记账式国债柜台交易试点业务的通知》。
2月16日	中央银行决定从2007年2月25日起，上调人民币存款准备金率0.5个百分点。
2月28日	中央银行发布《2007年1月金融市场运行情况》。
2月28日	中央银行、劳动和社会保障部发布关于企业年金基金进入全国银行间债券市场有关事项的通知。
3月17日	中央银行决定自2007年3月18日起上调存贷款基准利率27bp，升息后1年期定存利率为2.79%，1年期贷款基准利率为6.39%。
3月19日	从银行间市场报价的情况看，面对升息，各期限债券收益率平均上升5bp左右。
3月26日	中央国债登记结算有限责任公司发布《企业年金基金债券账户开销户细则》。
3月30日	财政部、中央银行、证监会联合发布《关于贴现国债实行净价交易的通知》，明确贴现发行的零息国债实行净价交易。这明确了贴现国债在交易中所获收入的税收处理，使得贴现国债的免税效应更加明显。
4月2日	中央国债登记结算有限责任公司发布《关于对全国银行间债券市场做市商实行债券结算手续费优惠的实施细则》，自2007年2月1日起实行。
4月5日	中央银行决定从2007年4月16日起，上调法定存款准备金率0.5个百分点。
4月18日	中央银行发布2006年《中国支付体系发展报告》，首次全面系统地向社会披露中国支付体系发展情况、相关数据以及未来支付体系的基本思路和政策取向。
4月18日	大盘股密集发行，债券市场空头气氛严重，本年新发的07国债01发行票面利率为2.93%，但市场收益率已上升至3.35%。
4月21日	中债指数专家委员会第三次会议在北京召开。
4月29日	中央银行决定从2007年5月15日起，上调人民币存款准备金率0.5个百分点。
5月10日	中央银行发布《二○○七年第一季度中国货币政策执行报告》。
5月14日	中央银行发布《2007年第1季度货币政策大事记》。
5月14日	银监会发布《商业银行操作风险管理指引》。这是继出台有关《商业银行市场风险管理指引》和《商业银行合规风险管理指引》等一系列的监管文件之后，银监会发布的又一重要风险管理指引。
5月18日	中央银行发布公告，自2007年5月21日起，银行间即期外汇市场人民币兑美元交易价浮动幅度由千分之三扩大至千分之五。
5月18日	中央银行决定从2007年6月5日起，上调人民币存款准备金率0.5个百分点。从2007年5月19日起，上调金融机构人民币存贷款基准利率。
5月28日	中央国债登记结算有限责任公司发布《含选择权债券业务操作细则》。
5月30日	中央银行发表《2006年中国金融市场发展报告》总论。
5月30日	中央银行发布《货币政策执行报告》增刊——《2006年中国区域金融运行报告》。

续表

日　期	事　件
6 月 8 日	中央银行、国家发展和改革委员会共同制定了《境内金融机构赴香港特别行政区发行人民币债券管理暂行办法》。
6 月 14 日	国家开发银行召开 Shibor 基准浮动利率金融债券网上会议。
6 月 15 日	银监会下发了《关于建立银行业金融机构市场风险管理计量参考基准的通知》，将中央国债登记结算有限责任公司编制公布的中债收益率曲线作为衡量银行业金融机构市场风险管理计量的参考基准，这标志着我国银行业人民币交易业务市场风险管理债券收益率曲线的正式确立。
6 月 19 日	国内首只以 Shibor 为基础的浮动利率债，5 年期浮动利率债 07 国开 11 发行。
6 月 22 日	中央银行发布《中国人民银行关于完善全国银行间债券市场到期收益率计算标准有关事项的通知》，对全国银行间债券市场到期收益率计算标准进行了调整。
6 月 26 日	国家开发银行宣布将于 6 月 27 日至 7 月 6 日在香港发行不超过 50 亿元的人民币债券，成为内地首家在香港发行人民币债券的金融机构。
6 月 26 日	银监会召开建立银行业金融机构市场风险管理计量参考基准座谈会。
6 月 27 日	十届全国人大常委会第二十八次会议举行第二次全体会议，审议国务院关于提请审议财政部发行特别国债购买外汇及调整 2007 年年末国债余额限额的议案。
6 月 29 日	中央银行发布《中国金融稳定报告（2007）》。
7 月 9 日	中央银行发布《同业拆借管理办法》，对同业拆借市场进行政策调整，扩大了参与者范围，对参与拆借的期限和资格都作出了规定，配合 Shibor 报价制改革。
7 月 10 日	首批固定收益平台一级交易商确定，共 13 家。
7 月 19 日	中央银行重启正回购操作，期限长至 6 个月，这是中央银行自 2007 年春节以后在公开市场操作中暂停回购以来再度启动正回购操作。
7 月 20 日	中央银行决定自 2007 年 7 月 21 日起上调金融机构人民币存贷款基准利率。
7 月 20 日	国务院决定自 2007 年 8 月 15 日起，将利息税率由现行的 20% 减为 5%。
7 月 30 日	中央银行决定从 2007 年 8 月 15 日起上调人民币存款准备金率 0.5 个百分点。
8 月 1 日	中央银行上海总部首次发布《中国区域金融稳定报告》。
8 月 8 日	中央银行发布《二○○七年第二季度中国货币政策执行报告》。
8 月 17 日	中央银行发布《中国人民银行关于在银行间外汇市场开办人民币外汇货币掉期业务有关问题的通知》，决定在银行间外汇市场推出人民币外汇货币掉期交易。
8 月 21 日	中央银行决定，自 2007 年 8 月 22 日起上调人民币存贷款基准利率，1 年期存款上调 27bp，一年期贷款上调 18bp，其他各档相应调整。
8 月 21 日	《中国人民银行公告》（［2007］第 16 号），要求信贷资产证券化试点各参与机构加强信贷资产证券化基础资产池信息披露工作，切实保护投资者利益，防范风险。
8 月 24 日	证监会发布《证券市场资信评级业务管理暂行办法》，自 2007 年 9 月 1 日施行。

续表

日　期	事　件
8月29日	财政部宣布，在银行间债券市场向境内商业银行发行第一期特别国债，计6 000亿元。同日中央银行宣布，在向财政部售出等额外汇后，从境内商业银行买入6 000亿元特别国债。
9月3日	中国银行间市场交易商协会在京成立。
9月4日	中央国债登记结算有限责任公司发布了《关于调整中央债券综合业务系统债券应计利息计算公式的通知》。
9月6日	中央银行决定从2007年9月25日起，上调人民币存款准备金率0.5个百分点。
9月10日	财政部发出通知，将于全国银行间债券市场面向社会发行2 000亿元特别国债。
9月14日	中央银行决定上调金融机构人民币存贷款基准利率。
9月29日	为规范远期利率协议业务，完善市场避险功能，促进利率市场化进程，中央银行制定发布了《远期利率协议业务管理规定》。
9月30日	中央银行就资产支持证券在全国银行间债券市场进行质押式回购交易的有关事项发布公告。
10月11日	中央银行3年期央票发行量达到1 500亿元，创下该品种面市以来最大市场化发行量。
10月12日	中国银行间市场交易商协会正式发布《中国银行间市场金融衍生产品交易主协议》。
10月13日	中央银行决定从2007年10月25日起，上调人民币存款准备金率0.5个百分点，一些主要商业银行获准使用美元向中央银行上交准备金。
10月23日	中央银行面向部分非公开市场一级交易商开办特种存款，成为吸收流动性的又一工具。
11月8日	中央银行发布《二○○七年第三季度中国货币政策执行报告》。
11月10日	中央银行决定从2007年11月26日起，上调人民币存款准备金率0.5个百分点。
11月14日	中央银行对外发布了《2007年第三季度货币政策大事记》。
11月21日	中央国债登记结算有限责任公司试发布持仓指数，并通过簿记系统客户端发送市场成员。
11月26日	中央国债登记结算有限责任公司试发布中债综合指数。
11月27日	中共中央政治局召开会议，把防止经济增长由偏快转为过热、防止价格由结构性上涨演变为明显通货膨胀作为宏观调控的首要任务。
11月27日	中央银行发布了《信贷市场和银行间债券市场信用评级规范》，共包括信用评级主体规范、信用评级业务规范和信用评级业务管理规范三部分。规范强调：审查合格的信用评级机构，由评级业务主管部门认可后，正式开展信用评级业务。退出信用评级市场的情形分为主动退出和强制退出。
11月27日	中央银行发布《中国人民银行信用评级管理指导意见》，该意见规范了信用评级机构在银行间债券市场和信贷市场信用评级执业行为，将促进信用评级业健康发展。

日　期	事　件
12 月 3 日	中央国债登记结算有限责任公司综合业务系统增加持仓债券估值和担保品逐日盯市计算功能。
12 月 6 日	中央国债登记结算有限责任公司根据中央银行规定调整业务系统债券到期收益率计算公式。
12 月 8 日	中央银行决定从 2007 年 12 月 25 日起，上调人民币存款准备金率 1 个百分点。
12 月 20 日	中央银行决定从 2007 年 12 月 21 日起调整金融机构人民币存贷款基准利率。
12 月 27 日	中央银行再次开办特种存款，3 个月和 1 年期的年利率分别为 3.37% 和 3.99%。
12 月 31 日	经国务院批准，中央汇金公司和国家开发银行签署协议，确认即日起中央汇金公司向国家开发银行注资 200 亿美元。

二、2007 年国债一级市场回顾

2007 年共发行财政部记账式国债 29 期（包含一期债券续发行和特别国债 8 期），共计发行 2.18 万亿元，其中特别国债 8 期 1.55 亿元，一般记账式国债约 6 300 亿元。国家开发银行发行政策性金融债 29 期，共计发行 6 709.2 亿元，其中，一期美元债发行 7 亿美元；中国进出口银行政策性金融债 15 期，计 1 630 亿元[①]；中国农业发展银行政策性金融债 23 期，计 2 501.2 亿元。由于特别国债的发行，国债的发行量大幅增加，打破了原有的缓慢上升的趋势（图 2 - 1）。金融债发行量也较 2006 年大幅增加，特别是以往发债并不活跃的中国进出口银行也加大了发行规模（表 2 - 2）。

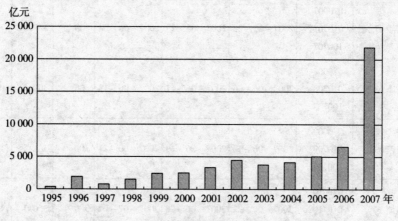

图 2 - 1　国债发行量（1995—2007 年）

---

① 中国进出口银行 2007 年年初发行的一期美元债作为 06 年期美元债，这里不包含在内。

表 2－2   **2007 年国债、政策性**

债券名称	债券代码	发行期间（2007 年）			计划发行（亿元）	实际发行（亿元）	期限（年）
		招标日	缴款日	上市日			
国债（记账式）							
07 国债 01	070001，010701，100701	2007－02－05	2007－02－09	2007－02－15	300	300	7
07 国债 02	070002，010702，100702	2007－03－14	2007－03－20	2007－03－22	260	260	1
07 国债 03	070003，010703，100703	2007－03－21	2007－03－27	2007－04－02	300	300	10
07 国债 04	070004，010704，100704	2007－04－13	2007－04－19	2007－04－25	300	306	3
07 国债 05	070005，010705，100705	2007－04－20	2007－04－25	2007－04－30	300	300	5
07 国债 06	070006，010706，100706	2007－05－16	2007－05－22	2007－05－28	300	300	30
07 国债 07	070007，010707，100707	2007－05－23	2007－05－29	2007－06－04	300	337.8	7
07 国债 08	070008，010708，100708	2007－06－06	2007－06－11	2007－06－13	300	300	0.25
07 国债 09	070009，010709，100709	2007－06－13	2007－06－19	2007－06－21	300	301.5	1
07 国债 10	070010，010710，100710	2007－06－22	2007－06－28	2007－07－04	300	350.7	10

注：（1）债券代码次序为银行间代码，上海证券交易所上市代码，深圳证券交易所上市代码。如没有在该市场上市，则次序顺延。

（2）票面利率一栏中如用价格表示，通常是贴现式债券，对应的利率在备注中多会有所表示。

金融债发行一览表

券种	付息方式	票面利率	起息日	到期日	发行手续费（%）	备　注
固定附息债	年付	2.93%	2007－02－06	2014－02－06	0.1	边际中标利率2.98%，认购倍数1.85
固定附息债	年付	2.1%	2007－03－15	2008－03－15	0.05	边际中标利率2.16%，认购倍数1.68
固定附息债	半年付	3.40%	2007－03－22	2017－03－22	0.1	边际中标利率3.45%，认购倍数1.8
固定附息债	年付	2.77%	2007－04－16	2010－04－16	0.05	认购倍数1.51
固定附息券	年付	3.18%	2007－04－23	2012－04－23	0.1	认购倍数1.66
固定附息债	半年付	4.27%	2007－05－17	2037－05－17	0.1	边际中标利率4.38%，认购倍数1.47
固定附息债	年付	3.74%	2007－05－24	2014－05－24	0.1	认购倍数1.87
贴现债券	贴现	99.44元	2007－06－07	2007－09－07	0	中标价格相当于发行利率2.34%，认购倍数1.59
固定附息券	年付	2.61%	2007－06－14	2008－06－14	0.05	认购倍数1.19
固定附息券	半年付	4.4%	2007－06－25	2017－06－25	0.1	认购倍数2.1

债券名称	债券代码	发行期间（2007 年）			计划发行（亿元）	实际发行（亿元）	期限（年）
		招标日	缴款日	上市日			
07 国债 11	070011，019711，100711	2007 – 07 – 13	2007 – 07 – 19	2007 – 07 – 25	350	383.8	3
07 国债 12	070012，010712，100712	2007 – 07 – 25	2007 – 07 – 30	2007 – 08 – 01	280	280	0.5
07 国债 13	070013，010713，100713	2007 – 08 – 15	200 – 08 – 21	2007 – 08 – 24	280	280	20
07 国债 14	070014，019714，100714	2007 – 08 – 22	2007 – 08 – 28	2007 – 08 – 31	280	326.9	7
07 国债 15	070015，010715，100715	2007 – 09 – 05	2007 – 09 – 10	2007 – 09 – 12	280	280	0.25
07 国债 16	070016，019716，100716	2007 – 09 – 12	2007 – 09 – 18	2007 – 09 – 20	280	280	1
07 国债 11 续发行	070011，019711，100711	2007 – 10 – 12	2007 – 10 – 17	2007 – 10 – 18	280	295.8	3
07 国债 17	070017，019717，100717	2007 – 10 – 19	2007 – 10 – 25	2007 – 10 – 29	280	280	5
07 国债 18	070018，019718，100718	2007 – 11 – 23	2007 – 11 – 29	2007 – 12 – 05	300	324.7	7
07 国债 19	070019，010719，100719			2007 – 12 – 12	300	300	0.25
07 国债 20	070020，019720，100720	2007 – 12 – 12	2007 – 12 – 17	2007 – 12 – 19	260	260	1

续表

券种	付息方式	票面利率	起息日	到期日	发行手续费（%）	备 注
固定附息债	年付	3.53%	2007－07－16	2010－07－16	0.05	首只在上交所固定收益平台系统上交易的品种，边际中标利率 3.58%，认购倍数 1.83
贴现债券	贴现	98.653 元	2007－07－26	2008－01－26	0	认购倍数 1.64
固定附息债	半年付	4.52%	2007－08－16	2027－08－16	0.1	边际中标利率 4.55%，认购倍数 2.15
固定附息债	年付	3.9%	2007－08－23	2014－08－23	0.1	认购倍数 2.64
贴现债券	贴现	99.41 元	2007－09－06	2007－12－06	0	
固定附息债	年付	2.95%	2007－09－13	2008－09－13	0.05	认购倍数 1.1
固定附息债	年付	3.53%	2007－07－16	2010－07－16	0.05	边际中标利率 3.59%，中标价格 100.9 ＝ 中标利率 3.52%，认购倍数 1.35
固定附息债	年付	4%	2007－10－22	2012－10－22	0.1	边际中标利率 4.1%，认购倍数 1.34
固定附息债	年付	4.35%	2007－11－26	2014－11－26	0.1	认购倍数 1.62
贴现债券	贴现	99.203 元	2007－12－06	2008－03－06	0	认购倍数 1.88
固定附息债	年付	3.66%	2007－12－13	2008－12－13	0.05	认购倍数 1.48

债券名称	债券代码	发行期间（2007年）			计划发行（亿元）	实际发行（亿元）	期限（年）
		招标日	缴款日	上市日			
07 特别国债 01	0700001			2007－08－29	6 000	6 000	10
07 特别国债 02	0700002	2007－09－17	2007－09－21	2007－09－27	300	319.7	15
07 特别国债 03	0700003		2007－09－25	2007－09－28		350.9	10
07 特别国债 04	0700004	2007－09－28	2007－10－09	2007－10－12		363.2	15
07 特别国债 05	0700005	2007－11－02	2007－11－07	2007－11－12		349.7	10
07 特别国债 06	0700006	2007－11－16	2007－11－21	2007－11－26		355.6	15
07 特别国债 07	0700007			2007－12－11		7 500	15
07 特别国债 08	0700008	2007－12－14	2007－12－20	2007－12－24		263.18	10
国家开发银行							
07 国开 01	070201	2007－01－30	2007－02－02	2007－02－08	200	200	5
07 国开 02	070202	2007－03－05	2007－03－05	2007－03－05	200	108.5	15
07 国开 03	070203	2007－03－23	2007－04－03	2007－04－09	150	190.7	7
07 国开 04	070204	2007－04－09	2007－04－19	2007－04－25	200	200	5
07 国开 05	070205	2007－04－18	2007－04－24	2007－04－28	200	200	7
07 国开 06	070206	2007－05－09	2007－05－14	2007－05－18	200	300	10
07 国开 07	070207			2007－05－24	200	200	20
07 国开 08	070208	2007－05－21	2007－05－29	2007－06－04	200	300	10
07 国开美元 1	0702019	2007－05－24	2007－05－30	2007－06－05	6.3亿美元	7亿美元	5
07 国开 09	070209	2007－05－30	2007－06－12	2007－06－18	200	300	10

券种	付息方式	票面利率	起息日	到期日	发行手续费（%）	备注
固定附息债	半年付	4.3%	2007－08－29	2017－08－29	0	财政部通过商业银行发给了中央银行
固定附息债	半年付	4.68%	2007－09－18	2022－09－18	0.1	认购倍数1.85
固定附息债	半年付	4.46%	2007－09－24	2017－09－24	0.1	认购倍数2.56
固定附息债	半年付	4.55%	2007－09－29	2022－09－29	0.1	认购倍数2.27
固定附息债	半年付	4.49%	2007－11－05	2017－11－05	0.1	认购倍数1.95
固定附息债	半年付	4.69%	2007－11－19	2022－11－19	0.1	认购倍数1.81
固定附息债	半年付	4.45%	2007－12－11	2022－12－11	0	
固定附息债	半年付	4.41%	2007－12－17	2017－12－17	0.1	
固定附息债	年付	3.5%	2007－02－02	2012－02－02	0.1	由于对国家开发银行商业化转型的担忧，招标利率大幅飙升至3.5%；认购倍数1
固定附息债	半年付	4.05%	2007－03－05	2022－03－05		数量招标定向发行给保险公司，认购倍数0.54
浮息债	年付	R＋48bp	2007－04－03	2014－04－03	0.15	可追加发行75亿元，认购倍数2.6
固定附息债	年付	3.56%	2007－04－19	2012－04－19	0.1	认购倍数1.8
固定附息债	年付	3.82%	2007－04－24	2014－04－24	0.15	认购倍数1.74
浮息债	年付	R＋67bp	2007－05－14	2017－05－14	0.15	认购倍数1.37
固定附息债	半年付	4.4%	2007－05－24	2027－05－24		
浮息债	年付	R＋60bp	2007－05－29	2017－05－29	0.15	认购倍数1.83
浮息债	半年付	6MLibor＋30bp	2007－05－30	2012－05－30	0	簿记发行
浮息债	年付	R＋62bp	2007－06－12	2017－06－12	0.15	认购倍数2.1

债券名称	债券代码	发行期间（2007年）			计划发行（亿元）	实际发行（亿元）	期限（年）
		招标日	缴款日	上市日			
07 国开 10	070210	2007 - 06 - 11	2007 - 06 - 26	2007 - 07 - 02	200	200	5
07 国开 11	070211	2007 - 06 - 19	2007 - 06 - 28	2007 - 07 - 04	100	100	5
07 国开 12	070212	2007 - 07 - 04	2007 - 10 - 18	2007 - 10 - 24	100	100	2
07 国开 13	070213	2007 - 07 - 04	2007 - 07 - 11	2007 - 07 - 13	200	200	1
07 国开 14	070214	2007 - 07 - 11	2007 - 07 - 24	2007 - 07 - 30	200	200	10
07 国开 15	070215	2007 - 08 - 01	2007 - 08 - 20	2007 - 08 - 24	300	300	10
07 国开 16	070216	2007 - 08 - 08	2007 - 08 - 30	2007 - 09 - 05	200	300	7
07 国开 17	070217	2007 - 08 - 20	2007 - 08 - 28	2007 - 08 - 30	150	150	1
07 国开 18	070218	2007 - 08 - 27	2007 - 09 - 18	2007 - 09 - 24	300	300	10
07 国开 19	070219	2007 - 09 - 10	2007 - 09 - 27	2007 - 10 - 08	150	150	5
07 国开 20	070220	2007 - 09 - 10	2007 - 10 - 10	2007 - 10 - 16	150	150	5
07 国开 21	070221	2007 - 10 - 09	2007 - 10 - 25	2007 - 10 - 31	300	300	10
07 国开 22[①]	070222	2007 - 10 - 17	2007 - 01 - 31	2007 - 02 - 04	100	100	2
07 国开 23	070223	2007 - 10 - 17	2007 - 11 - 15	2007 - 11 - 19	100	100	1

---

① 07 国开 22 的缴款日为 2008 年 1 月 31 日，上市日为 2008 年 2 月 4 日。

续表

券种	付息方式	票面利率	起息日	到期日	发行手续费（%）	备 注
固定附息债	年付	4%	2007－06－26	2012－06－26	0.10	认购倍数1.22
浮息债	季付	S3M_10MA+48bp	2007－06－28	2012－06－28	0.10	认购倍数2.08
固定附息债含远期	年付	3.75%	2007－10－18	2009－10－18	0.05	边际中标利率4%，认购倍数2.22
浮息债	季付	S3M_5MA+23bp	2007－07－11	2008－07－11	0.05	认购倍数1.83
浮息债	年付	R+89bp	2007－07－24	2017－07－24	0.15	考虑到招标日附近可能加息，债券首次付息的基准日是2007年10月24日，但以后每次调息日仍为7月24日，认购倍数1.69
固定附息可回售	年付	4.13%	2007－08－20	2017－08－20	0.1	投资者可于第5年末按面值回售给发行人；认购倍数1.74
固定附息债	年付	4.35%	2007－08－30	2014－08－30	0.15	可追加发行100亿元，认购倍数1.84
固定附息债	年付	3.25%	2007－08－28	2008－08－28	0	认购倍数1.62
固定附息债	年付	4.53%	2007－09－18	2017－09－18	0.15	认购倍数1.82
浮息债	季付	S3M_5MA+29bp	2007－09－27	2012－09－27	0.1	认购倍数1.83
浮息债	年付	R+27bp	2007－10－10	2012－10－10	0.1	认购倍数2.18
浮息债可回售	年付	R+35bp	2007－10－25	2017－10－25	0.1	投资者可于第5年末按面值回售给发行人，认购倍数1.34
固定附息债含远期	年付	4.37%	2008－01－31	2010－01－31	0.05	如发行人在2008年1月招标发行的2年期金融债券中标利率高于本期，则本期债券票面利率为这两期债券中标利率的加权平均值；认购倍数1.4
固定附息债可回售	半年付	3.86%	2007－11－15	2008－11－15	0	投资者可在半年时按面值回售给发行人，认购倍数1.33

债券名称	债券代码	发行期间（2007 年）			计划发行（亿元）	实际发行（亿元）	期限（年）
		招标日	缴款日	上市日			
07 国开 24	070224	2007－11－14	2007－12－11	2007－12－17	200	300	5
07 国开 25	070225	2007－11－21	2007－11－29	2007－12－05	300	450	10
07 国开 26①	070226	2007－12－03	2007－01－10	2007－01－16	500	500	5
07 国开 27	070227	2007－12－13	2007－12－20	2007－12－26	300	300	7
07 国开 28②	070228	2007－12－24	2007－02－19	2007－02－25	310	310	5
07 国开 29③	070229	2007－12－24	2007－01－17	2007－01－23	200	200	7
中国进出口银行债							
07 进出 01	070301	2007－01－26	2007－02－13	2007－02－15	100	100	0.75
07 进出 02	070302	2007－03－02	2007－03－06	2007－03－12	80	80	2
07 进出 03	070303	2007－03－30	2007－04－05	2007－04－09	100	100	0.25
07 进出 04	070304	2007－04－16	2007－04－25	2007－04－27	100	100	1
07 进出 05	070305	2007－05－18	2007－05－22	2007－05－28	130	130	2
07 进出 06	070306	2007－06－08	2007－06－13	2007－06－19	100	100	5
07 进出 07	070307	2007－06－20	2007－06－25	2007－06－27	120	120	0.75
07 进出 08	070308	2007－06－29	2007－07－04	2007－07－10	120	120	3
07 进出 09	070309	2007－07－27	2007－08－14	2007－08－20	100	100	2
07 进出 10	070310	2007－08－24	2007－08－31	2007－09－06	120	120	3
07 进出 11	070311	2007－09－14	2007－09－18	2007－09－24	120	120	5
07 进出 12	070312	2007－10－16	2007－10－18	2007－10－22	100	100	0.75
07 进出 13	070313	2007－11－02	2007－11－08	2007－11－14	100	100	5
07 进出 14	070314	2007－12－06	2007－12－11	2007－12－13	100	100	1
07 进出 15	070315	2007－12－18	2007－12－21	2007－12－27	140	140	3

① 07 国开 26 的缴款日为 2008 年 1 月 10 日，上市日为 2008 年 1 月 16 日。
② 07 国开 28 的缴款日为 2008 年 2 月 19 日，上市日为 2008 年 2 月 25 日。
③ 07 国开 29 的缴款日为 2008 年 1 月 17 日，上市日为 2008 年 1 月 23 日。

券种	付息方式	票面利率	起息日	到期日	发行手续费（%）	备注
浮息债	半年付	R + 75bp	2007 - 12 - 11	2012 - 12 - 11	0.1	认购倍数 1.42，追加发行时认购倍数 3.7
固定附息券	年付	5.07%	2007 - 11 - 29	2017 - 11 - 29	0.15	认购倍数 1.54
浮息债	半年付	R + 75bp	2008 - 01 - 10	2013 - 01 - 10	0.10	认购倍数 1.51
固定附息券	年付	4.94%	2007 - 12 - 20	2014 - 12 - 20	0.15	认购倍数 1.17
浮息债含远期	半年付	R + 61bp	2008 - 02 - 19	2013 - 02 - 19	0.1	认购倍数 2.06
固定附息券	年付	5.14%	2008 - 01 - 17	2015 - 01 - 17	0.15	认购倍数 7.61
贴现债券	贴现	97.98 元	2007 - 02 - 13	2007 - 11 - 13	0	中标利率相当于 2.78%，认购倍数 2.93
固定附息债	年付	2.93%	2007 - 03 - 06	2009 - 03 - 06	0.05	认购倍数 3.76
贴现债券	贴现	99.33 元	2007 - 04 - 05	2007 - 07 - 05	0	中标利率相当于 2.71%，认购倍数 2.38
固定附息债	年付	2.97%	2007 - 04 - 25	2008 - 04 - 25	0.05	认购倍数 2.46
固定附息债	年付	3.22%	2007 - 05 - 22	2009 - 05 - 22	0.05	认购倍数 1.43
浮息债	年付	R + 45bp	2007 - 06 - 13	2012 - 06 - 13	0.1	认购倍数 2.84
贴现债券	贴现	97.59 元	2007 - 06 - 25	2008 - 03 - 25	0.03	认购倍数 1.24
浮息债	半年付	R + 50bp	2007 - 07 - 04	2010 - 07 - 04	0.05	认购倍数 1.33
浮息债	季付	S3M _ 5MA + 18bp	2007 - 08 - 14	2009 - 08 - 14	0.05	认购倍数 2.54
固定附息债	年付	3.83%	2007 - 08 - 31	2010 - 08 - 31	0.1	认购倍数 2.03
固定附息债	年付	4.55%	2007 - 09 - 18	2012 - 09 - 18	0.1	认购倍数 1.23
贴现债券	贴现	97.3 元	2007 - 10 - 18	2008 - 07 - 18	0	认购倍数 1.03
浮息债	年付	R + 60bp	2007 - 11 - 08	2012 - 11 - 08	0.1	认购倍数 1.35
固定附息债	年付	4.1%	2007 - 12 - 11	2008 - 12 - 11	0.05	认购倍数 6.21
固定附息债	年付	4.6%	2007 - 12 - 21	2010 - 12 - 21	0.05	认购倍数 5.05

债券名称	债券代码	发行期间（2007 年）			计划发行（亿元）	实际发行（亿元）	期限（年）
		招标日	缴款日	上市日			
农业发展银行债							
07 农发 01	070401	2007 – 01 – 10	2007 – 01 – 15	2007 – 01 – 19	100	100	3
07 农发 02	070402	2007 – 03 – 18	2007 – 03 – 25	2007 – 02 – 09	100	100	1
07 农发 03	070403	2007 – 03 – 18	2007 – 04 – 11	2007 – 03 – 21	100	100	0.25
07 农发 04	070404	2007 – 04 – 11	2007 – 04 – 18	2007 – 04 – 24	120	120	2
07 农发 05	070405	2007 – 04 – 20	2007 – 04 – 27	2007 – 05 – 08	120	120	5
07 农发 06	070406	2007 – 05 – 11	2007 – 05 – 18	2007 – 05 – 24	120	120	7
07 农发 07	070407	2007 – 07 – 01	2007 – 07 – 11	2007 – 06 – 06	120	120	0.25
07 农发 08	070408	2007 – 06 – 15	2007 – 06 – 22	2007 – 06 – 28	100	100	7
07 农发 09	070408	2007 – 06 – 27	2007 – 07 – 02	2007 – 07 – 06	100	100	5
07 农发 10	070410	2007 – 07 – 06	2007 – 07 – 13	2007 – 07 – 19	100	100	3
07 农发 11	070411	2007 – 07 – 17	2007 – 07 – 25	2007 – 07 – 31	100	100	5
07 农发 12	070412	2007 – 07 – 25	2007 – 07 – 31	2007 – 08 – 02	100	100	1
07 农发 13	070413	2007 – 08 – 10	2007 – 08 – 17	2007 – 08 – 23	100	100	3
07 农发 14	070414	2007 – 08 – 17	2007 – 08 – 24	2007 – 08 – 30	100	100	2
07 农发 15	070415	2007 – 08 – 29	2007 – 09 – 07	2007 – 09 – 13	120	144	3
07 农发 16	070416	2007 – 09 – 19	2007 – 10 – 09	2007 – 10 – 15	100	100	2
07 农发 17	070417	2007 – 10 – 10	2007 – 10 – 17	2007 – 10 – 23	120	139.8	3
07 农发 18	070418	2007 – 10 – 19	2007 – 11 – 01	2007 – 11 – 05	100	100	1
07 农发 19	070419	2007 – 10 – 26	2007 – 11 – 05	2007 – 11 – 09	120	66.8	5
07 农发 20	070420	2007 – 11 – 07	2007 – 11 – 14	2007 – 11 – 20		120	3
07 农发 21	070421	2007 – 11 – 16	2007 – 11 – 27	2007 – 12 – 03		135.5	3
07 农发 22	070422	2007 – 11 – 28	2007 – 12 – 03	2007 – 12 – 07	100	115.1	5
07 农发 23		2007 – 12 – 07	2007 – 12 – 14		100	100	5

券种	付息方式	票面利率	起息日	到期日	发行手续费（%）	备 注
固定附息债	年付	2.93%	2007 – 01 – 15	2010 – 01 – 15	0.05	认购倍数 2.77
固定附息债	年付	2.78%	2007 – 02 – 07	2008 – 02 – 07	0.05	认购倍数 3.43
贴现债券	贴现	99.36 元	2007 – 03 – 19	2007 – 06 – 19	0	相当于中标利率 2.56%，认购倍数 3.25
固定附息债	年付	3.15%	2007 – 04 – 18	2009 – 04 – 18	0.05	认购倍数 1.86
浮息债	年付	R + 50bp	2007 – 04 – 27	2012 – 04 – 27	0.1	认购倍数 1.63
浮息券	年付	R + 60bp	2007 – 05 – 18	2014 – 05 – 18	0.15	认购倍数 1.85
贴现债券	贴现	99.25 元	2007 – 06 – 04	2007 – 09 – 04	0	相当于中标利率 3%，认购倍数 1.23
浮息券	年付	R + 59bp	2007 – 06 – 22	2014 – 06 – 22	0.15	认购倍数 1.93
浮息券	半年付	R + 55bp	2007 – 07 – 02	2012 – 07 – 02	0.1	认购倍数 1.47
浮息券	半年付	R + 55bp	2007 – 07 – 13	2010 – 07 – 13	0.05	认购倍数 1.54
浮息券	半年付	R + 73bp	2007 – 07 – 25	2012 – 07 – 25	0.1	认购倍数 2.1
固定附息券	年付	3.31%	2007 – 07 – 31	2008 – 07 – 31	0.05	认购倍数 2.51
浮息券	季付	S3M _ 5MA + 23bp	2007 – 08 – 17	2010 – 08 – 17	0.05	认购倍数 2.15
固定附息券	年付	3.54%	2007 – 08 – 24	2009 – 08 – 24	0.05	认购倍数 2.1
固定附息券	年付	3.88%	2007 – 09 – 07	2010 – 09 – 07	0.05	认购倍数 1.56
固定附息券	年付	4.04%	2007 – 10 – 09	2009 – 10 – 09	0.05	认购倍数 1.42
浮息券	季付	S3M _ 5MA + 20bp	2007 – 10 – 17	2010 – 10 – 17	0.05	认购倍数 1.51
固定附息券	年付	4.15%	2007 – 11 – 01	2008 – 11 – 01	0.05	认购倍数 1.37
浮息券	季付	S3M _ 5MA + 50bp	2007 – 11 – 05	2012 – 11 – 05	0.1	认购倍数 0.56
浮息券	季付	S3M _ 5MA + 55bp	2007 – 11 – 14	2010 – 11 – 14	0.05	认购倍数 1.24
浮息券	半年付	R + 67bp	2007 – 11 – 27	2010 – 11 – 27	0.05	认购倍数 1.46
固定附息券	年付	4.78%	2007 – 12 – 03	2012 – 12 – 03	0.1	认购倍数 1.47
固定附息券	年付	4.78%	2007 – 12 – 03	2012 – 12 – 03	0.1	07 农发 22 的增发，认购倍数 1.58，中标价格 100.25，相当于中标利率 4.7547%

三、中央银行公开市场操作策略变化对市场影响明显

2007 年以来，中央银行货币回笼策略有所调整，改变了以往以公开市场操作为主要回笼工具的方针，体现出组合工具灵活多样，调控幅度小、频率高的特征，先后 6 次上调存贷款利率，10 次上调存款准备金率，5 次发行定向票据，而传统的央票的发行规模和净回笼规模远远低于 2006 年的水平（图 2 -2）。

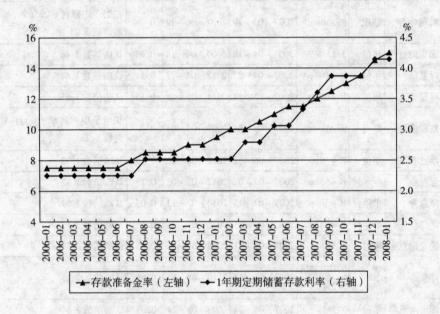

图 2 - 2　中央银行 2007 年多次上调存款准备金率和存贷款利率

流动性方面，2007 年中央银行主要利用准备金率的上调和特别国债的发行来回收流动性。利用公开市场操作进行回笼的传统方式的使用力度明显减轻，12 个月中有 7 个月公开市场操作均为净投放，与历史其他年份形成鲜明对比（图 2 -3）。

要理解公开市场操作这一变化的原因，需要从中央银行货币政策执行的历史进行分析。中央银行的政策目标从单纯的数量目标（2004 年，1 年期央票利率最高达到 3.573%）→单纯的利率目标（2005 年，汇率改革初期，1 年期央票利率保持在 2.8% 的水平，货币市场利率从 2005 年 4 月到 2005 年 11 月低位运行）→利率目标为主，数量目标为辅（2006 年，由于美国的不断升息，中央银行逐步转向对市场利率的引导上升，并通过惩罚性央票引导商业银行的投资行为；2007 年，全面转向抑制通货膨胀，紧缩信贷，放弃利率平价理论，通过引导市场利率加强对商业银行的投资引导，形成基准

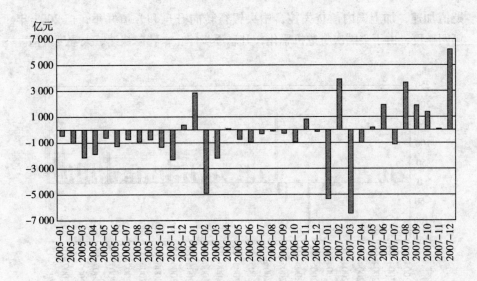

图2-3 中央银行公开市场操作（央票净回笼量）
（2005年1月至2007年12月）

利率的控制）。短短四年间，中央银行的货币政策操作目标借助央票这一工具发生了巨大变化（图2-4）。

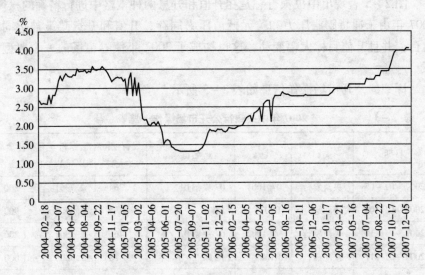

图2-4 1年期央票发行利率历史走势

图2-5显示了更为清晰的路径变迁图。2004年，美元大幅贬值，向世界输出通货膨胀，是人民币升值压力最为突出的一年，中央银行采取了升息的策略，在公开市场冻结了大量的流动性；2005年，为了汇率改革的目标，放弃升息诉求，转而降息，将利率保持在一个很低的位置上；2006年，人民币缓步升值，同时，中央银行转向对国内利率的严格控制；2007年，美元

贬值加速，加上国内信贷失控，中央银行转向升息和升值并举，但2007年第四季度，由于美国次贷危机恶化，升息逐步停止，转向快速、大幅度升值。

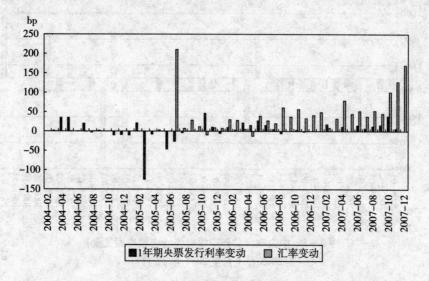

图2-5　1年期央票发行利率和美元兑人民币升值月度变动对照图

图2-5表现出中央银行总是在升值和升息两种策略中进行精确的权衡。2007年由于通货膨胀压力和美元贬值压力同存，升值和升息政策被迫同时出台，并且升值目标大幅变动，这也构成了2007年债券市场的一个典型特征。

详细的公开市场操作信息如表2-3所示。

表2-3　　　　　2007年中央银行公开市场操作一览表

日期	类别	代码	名称	发行期限（天）	招标利率（%）	招标金额（亿元）
2007-01-05	央票发行	0701001	07 央票 01	364	2.7961	800
2007-01-09	正回购	R007	R007	7	1.3500	900
2007-01-10	央票发行	0701002	07 央票 02	365	2.7961	1 200
2007-01-11	正回购	R1M	R1M	28	1.8000	1 000
2007-01-12	央票发行	0701003	07 央票 03	91	2.5023	500
2007-01-16	正回购	R007	R007	7	1.2500	900
2007-01-17	央票发行	0701004	07 央票 04	365	2.7961	2 100
2007-01-18	正回购	R021	R021	21	1.9000	100
2007-01-19	央票发行	0701005	07 央票 05	91	2.5023	300
2007-01-23	正回购	R007	R007	7	1.6500	200

续表

日期	类别	代码	名称	发行期限 （天）	招标利率 （%）	招标金额 （亿元）
2007－01－24	央票发行	0701007	07 央票 07	1 097	2.9700	600
2007－01－24	央票发行	0701006	07 央票 06	365	2.7961	700
2007－01－26	央票发行	0701008	07 央票 08	91	2.5429	300
2007－01－30	正回购	R007	R007	7	1.9500	300
2007－01－31	央票发行	0701009	07 央票 09	365	2.7961	550
2007－02－02	央票发行	0701010	07 央票 10	1 096	3.0200	450
2007－02－02	央票发行	0701011	07 央票 11	95	2.5526	100
2007－02－07	央票发行	0701012	07 央票 12	362	2.7979	220
2007－02－09	央票发行	0701013	07 央票 13	1 096	3.0600	280
2007－02－09	央票发行	0701014	07 央票 14	91	2.5429	20
2007－02－13	逆回购	R014	R014	14	3.9000	900
2007－02－28	央票发行	0701015	07 央票 15	365	2.7961	450
2007－03－02	央票发行	0701017	07 央票 17	91	2.5429	900
2007－03－02	央票发行	0701016	07 央票 16	1 096	3.1000	400
2007－03－07	央票发行	0701018	07 央票 18	366	2.8383	1 600
2007－03－09	央票发行	0701020	07 央票 20	91	2.5429	700
2007－03－09	央票发行	0701021	07 央票 21[①]	1 096	3.0700	1 010
2007－03－09	央票发行	0701019	07 央票 19	1 096	3.1000	300
2007－03－14	央票发行	0701022	07 央票 22	366	2.8701	1 400
2007－03－16	央票发行	0701024	07 央票 24	91	2.5836	450
2007－03－16	央票发行	0701023	07 央票 23	1 096	3.1500	600
2007－03－21	央票发行	0701025	07 央票 25	366	2.9442	600
2007－03－23	央票发行	0701026	07 央票 26	1 096	3.2400	650
2007－03－23	央票发行	0701027	07 央票 27	91	2.6242	200
2007－03－28	央票发行	0701028	07 央票 28	366	2.9760	400
2007－03－30	央票发行	0701029	07 央票 29	1 096	3.2800	350
2007－03－30	央票发行	0701030	07 央票 30	91	2.6648	100
2007－04－04	央票发行	0701031	07 央票 31	366	2.9760	500
2007－04－06	央票发行	0701032	07 央票 32	1 096	3.2800	400
2007－04－06	央票发行	0701033	07 央票 33	91	2.6648	500

---

① 07 央票 21 为定向央票，发行利率比市场利率低 3bp。

续表

日期	类别	代码	名称	发行期限（天）	招标利率（%）	招标金额（亿元）
2007－04－11	央票发行	0701034	07 央票 34	366	2.9760	400
2007－04－13	央票发行	0701036	07 央票 36	91	2.6648	250
2007－04－13	央票发行	0701035	07 央票 35	1 096	3.2800	550
2007－04－18	央票发行	0701037	07 央票 37	366	2.9760	200
2007－04－20	央票发行	0701038	07 央票 38	1 096	3.2800	150
2007－04－20	央票发行	0701039	07 央票 39	91	2.6648	100
2007－04－25	央票发行	0701040	07 央票 40	366	2.9760	80
2007－04－27	央票发行	0701041	07 央票 41	1 096	3.2800	50
2007－04－27	央票发行	0701042	07 央票 42	91	2.6648	40
2007－05－09	央票发行	0701043	07 央票 43	366	2.9760	150
2007－05－11	央票发行	0701045	07 央票 45	91	2.6648	150
2007－05－11	央票发行	0701044	07 央票 44[1]	1 096	3.2800	250
2007－05－11	央票发行	0701046	07 央票 46	1 096	3.2200	1 010
2007－05－16	央票发行	0701047	07 央票 47	366	2.9760	120
2007－05－18	央票发行	0701048	07 央票 48	1 096	3.2800	200
2007－05－18	央票发行	0701049	07 央票 49	91	2.6648	100
2007－05－23	央票发行	0701050	07 央票 50	366	3.0928	100
2007－05－25	央票发行	0701052	07 央票 52	91	2.7461	150
2007－05－25	央票发行	0701051	07 央票 51	1 096	3.4300	50
2007－05－30	央票发行	0701053	07 央票 53	366	3.0928	160
2007－06－01	央票发行	0701054	07 央票 54	1 096	3.4300	50
2007－06－01	央票发行	0701055	07 央票 55	91	2.7461	300
2007－06－06	央票发行	0701056	07 央票 56	366	3.0928	350
2007－06－08	央票发行	0701058	07 央票 58	91	2.7461	250
2007－06－08	央票发行	0701057	07 央票 57	1 096	3.4300	80
2007－06－13	央票发行	0701059	07 央票 59	366	3.0928	350
2007－06－15	央票发行	0701060	07 央票 60	1 096	3.4300	30
2007－06－15	央票发行	0701061	07 央票 61	91	2.7461	320
2007－06－20	央票发行	0701062	07 央票 62	366	3.0928	150
2007－06－22	央票发行	0701063	07 央票 63	1 096	3.4900	10

---

① 07 央票 44 为定向央票，发行利率比市场利率低 6bp。

续表

日期	类别	代码	名称	发行期限（天）	招标利率（%）	招标金额（亿元）
2007 - 06 - 22	央票发行	0701064	07 央票 64	91	2.7461	200
2007 - 06 - 27	央票发行	0701065	07 央票 65	366	3.0928	120
2007 - 06 - 29	央票发行	0701066	07 央票 66	1 096	3.4900	10
2007 - 06 - 29	央票发行	0701067	07 央票 67	91	2.7461	300
2007 - 07 - 04	央票发行	0701068	07 央票 68	366	3.0928	100
2007 - 07 - 06	央票发行	0701069	07 央票 69	1 096	3.5800	10
2007 - 07 - 06	央票发行	0701070	07 央票 70	94	2.7463	330
2007 - 07 - 11	央票发行	0701071	07 央票 71	366	3.0928	100
2007 - 07 - 13	央票发行	0701073	07 央票 73	91	2.7461	440
2007 - 07 - 13	央票发行	0701072	07 央票 72	1 096	3.6200	10
2007 - 07 - 13	央票发行	0701074	07 央票 74①	1 096	3.6000	1 010
2007 - 07 - 18	央票发行	0701075	07 央票 75	366	3.0928	80
2007 - 07 - 19	正回购	R6M	R6M	182	3.0000	200
2007 - 07 - 20	央票发行	0701076	07 央票 76	1 096	3.6200	10
2007 - 07 - 20	央票发行	0701077	07 央票 77	91	2.7461	330
2007 - 07 - 25	央票发行	0701078	07 央票 78	366	3.2418	100
2007 - 07 - 27	央票发行	0701080	07 央票 80	91	2.7868	350
2007 - 07 - 27	央票发行	0701079	07 央票 79	1 096	3.7200	10
2007 - 07 - 31	正回购	R6M	R6M	182	3.0200	450
2007 - 08 - 01	央票发行	0701081	07 央票 81	366	3.2205	230
2007 - 08 - 03	央票发行	0701083	07 央票 83	91	2.7868	260
2007 - 08 - 03	央票发行	0701082	07 央票 82	1 096	3.7100	260
2007 - 08 - 08	央票发行	0701084	07 央票 84	366	3.2205	330
2007 - 08 - 10	央票发行	0701085	07 央票 85	1 096	3.7100	220
2007 - 08 - 10	央票发行	0701086	07 央票 86	91	2.7868	350
2007 - 08 - 15	央票发行	0701087	07 央票 87	366	3.2205	300
2007 - 08 - 17	央票发行	0701090	07 央票 90②	1 096	3.6900	1 010
2007 - 08 - 17	央票发行	0701088	07 央票 88	1 096	3.7100	140
2007 - 08 - 17	央票发行	0701089	07 央票 89	91	2.7868	300

① 07 央票 74 为定向央票，发行利率比市场利率低 2bp。
② 07 央票 90 为定向央票，发行利率比市场利率低 2bp。

续表

日期	类别	代码	名称	发行期限（天）	招标利率（%）	招标金额（亿元）
2007 - 08 - 22	央票发行	0701091	07 央票 91	366	3.2205	300
2007 - 08 - 24	央票发行	0701093	07 央票 93	91	2.8275	220
2007 - 08 - 24	央票发行	0701092	07 央票 92	1 096	3.8100	50
2007 - 08 - 29	央票发行	0701094	07 央票 94	366	3.3165	350
2007 - 08 - 31	央票发行	0701096	07 央票 96	91	2.8275	200
2007 - 08 - 31	央票发行	0701095	07 央票 95	1 096	3.8100	100
2007 - 09 - 04	正回购	R6M	R6M	182	3.2000	100
2007 - 09 - 05	央票发行	0701097	07 央票 97	366	3.3165	330
2007 - 09 - 07	央票发行	0701098	07 央票 98	1 096	3.8100	80
2007 - 09 - 07	央票发行	0701099	07 央票 99	91	2.8275	180
2007 - 09 - 07	央票发行	0701100	07 央票 100[①]	1 096	3.7100	1 510
2007 - 09 - 12	央票发行	0701101	07 央票 101	366	3.3165	50
2007 - 09 - 14	央票发行	0701102	07 央票 102	91	2.8275	70
2007 - 09 - 19	央票发行	0701103	07 央票 103	366	3.4447	30
2007 - 09 - 21	央票发行	0701104	07 央票 104	91	2.9089	30
2007 - 09 - 26	央票发行	0701105	07 央票 105	366	3.4447	50
2007 - 09 - 28	央票发行	0701106	07 央票 106	91	2.9089	80
2007 - 10 - 09	正回购	R1M	R1M	28	3.0000	80
2007 - 10 - 10	央票发行	0701107	07 央票 107	366	3.4447	40
2007 - 10 - 12	央票发行	0701108	07 央票 108	1 096	3.9500	1500
2007 - 10 - 12	央票发行	0701109	07 央票 109	91	2.9089	20
2007 - 10 - 16	正回购	R3M	R3M	91	3.0500	100
2007 - 10 - 16	正回购	R1M	R1M	28	3.0000	250
2007 - 10 - 17	央票发行	0701110	07 央票 110	366	3.4447	50
2007 - 10 - 19	央票发行	0701112	07 央票 112	91	2.9089	30
2007 - 10 - 19	央票发行	0701111	07 央票 111	1 096	3.9500	20
2007 - 10 - 23	正回购	R1M	R1M	28	3.0300	40
2007 - 10 - 23	正回购	R3M	R3M	91	3.0500	20
2007 - 10 - 24	央票发行	0701113	07 央票 113	366	3.4554	10
2007 - 10 - 26	央票发行	0701114	07 央票 114	91	2.9089	10

① 07 央票 100 为定向央票，发行利率比市场利率低 10bp。

日期	类别	代码	名称	发行期限（天）	招标利率（%）	招标金额（亿元）
2007－10－30	正回购	R1M	R1M	28	3.0500	40
2007－10－31	央票发行	0701115	07 央票 115	366	3.6055	20
2007－11－01	正回购	R3M	R3M	91	3.1400	40
2007－11－02	央票发行	0701116	07 央票 116	1 096	4.1500	15
2007－11－02	央票发行	0701117	07 央票 117	91	2.9903	30
2007－11－06	正回购	R1M	R1M	28	3.4000	340
2007－11－07	央票发行	0701118	07 央票 118	366	3.7990	85
2007－11－08	正回购	R3M	R3M	84	3.6000	130
2007－11－09	央票发行	0701119	07 央票 119	1 096	4.3400	60
2007－11－09	央票发行	0701120	07 央票 120	88	3.0922	30
2007－11－13	正回购	R1M	R1M	28	3.6000	75
2007－11－13	正回购	R007	R007	7	2.4000	480
2007－11－14	央票发行	0701121	07 央票 121	366	3.9393	35
2007－11－15	正回购	R3M	R3M	91	3.6000	10
2007－11－15	正回购	R1M	R1M	28	3.6000	100
2007－11－16	央票发行	0701122	07 央票 122	1 096	4.4300	10
2007－11－16	央票发行	0701123	07 央票 123	91	3.2347	20
2007－11－20	正回购	R1M	R1M	28	3.6000	80
2007－11－21	央票发行	0701124	07 央票 124	366	3.9933	35
2007－11－22	正回购	R1M	R1M	28	3.6000	140
2007－11－23	央票发行	0701125	07 央票 125	1 096	4.4700	20
2007－11－23	央票发行	0701126	07 央票 126	91	3.3162	10
2007－11－27	正回购	R1M	R1M	28	3.6000	290
2007－11－27	正回购	R007	R007	7	2.5000	300
2007－11－28	央票发行	0701127	07 央票 127	366	3.9933	100
2007－11－29	正回购	R1M	R1M	28	3.3000	200
2007－11－30	央票发行	0701129	07 央票 129	91	3.3162	40
2007－11－30	央票发行	0701128	07 央票 128	1 096	4.4700	100
2007－12－04	正回购	R1M	R1M	28	3.3000	20
2007－12－05	央票发行	0701130	07 央票 130	366	3.9933	200
2007－12－06	正回购	R1M	R1M	28	3.3000	200

续表

日期	类别	代码	名称	发行期限 （天）	招标利率 （%）	招标金额 （亿元）
2007－12－07	央票发行	0701131	07 央票131	1 096	4.4700	170
2007－12－07	央票发行	0701132	07 央票132	91	3.3662	30
2007－12－11	正回购	R1M	R1M	28	3.3000	230
2007－12－11	正回购	R007	R007	7	2.5000	140
2007－12－12	央票发行	0701133	07 央票133	366	3.9933	150
2007－12－13	正回购	R1M	R1M	28	3.3000	150
2007－12－14	央票发行	0701134	07 央票134	1 096	4.4700	80
2007－12－14	央票发行	0701135	07 央票135	91	3.4071	50
2007－12－18	正回购	R007	R007	7	2.8000	220
2007－12－18	正回购	R1M	R1M	28	3.3000	450
2007－12－19	央票发行	0701136	07 央票136	366	3.9933	200
2007－12－20	正回购	R3M	R3M	91	3.4000	50
2007－12－20	正回购	R1M	R1M	28	3.3000	390
2007－12－20	正回购	R007	R007	7	2.8000	220
2007－12－21	央票发行	0701138	07 央票138	91	3.4071	280
2007－12－21	央票发行	0701137	07 央票137	1 096	4.4700	100
2007－12－25	正回购	R007	R007	7	2.6000	580
2007－12－25	正回购	R1M	R1M	28	3.3000	510
2007－12－26	央票发行	0701139	07 央票139	366	4.0583	200
2007－12－27	正回购	R007	R007	7	2.6000	630
2007－12－27	正回购	R1M	R1M	28	3.2900	140
2007－12－28	正回购	R007	R007	7	2.6000	520
2007－12－28	央票发行	0701140	07 央票140	1 096	4.5200	20
2007－12－28	央票发行	0701141	07 央票141	91	3.4071	300
2007－12－28	正回购	R1M	R1M	28	3.2000	240

第二节　2007 年国债市场年度特征

2007 年国债市场出现了很多以往没有出现过的变化，使得其中不论是参与者还是投资者都度过了一个非比寻常的熊市。

特征一：中央银行彻底抛弃了升值环境下的中美利差学说

2007年，债券市场最重大的变化是中央银行彻底抛弃了升值环境下的中美利差学说。

所谓升值环境下的中美利差学说，是指在人民币持续升值的背景下，中央银行更多地基于美元利率来确定合理的央票利率，从而抑制更多的热钱流入国内。比如假定人民币一年升值3%，若美元利率在5%左右，则人民币利率最多不能超过2%。这样就可以使得流入国内的热钱减少一些直接的收益。这种做法在许多国家和地区货币升值过程中都普遍存在。而且2005年中央银行为了维持利差水平也容忍央票利率保持在一个比较低的水平上——2005年1年期央票利率达到1.3274%的最低值（图2-6）。

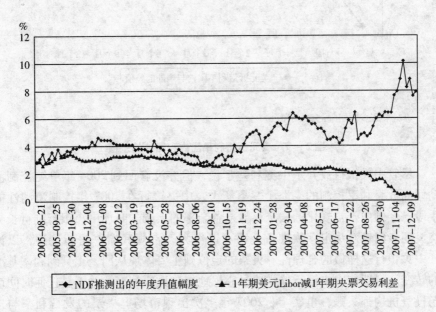

图2-6 中央银行彻底抛弃了中美利差学说

中央银行通过严格外汇资金管制的手段，使得金融机构通过中美利差和人民币升值进行套利在国内变得十分困难。首先，中央银行通过限制短期外债的规模使金融机构很难从海外市场拆借美元，从而减少外汇资金进入国内的途径。其次，中央银行要求每家银行持有的外汇资金必须满足下限要求，并且部分银行还以外汇的形式上交法定准备金。在对美元需求增加而外债规模不能扩大的情况下，境内美元变得稀缺，拆借利率开始飙升，远远高于海外美元拆借利率，两者之间的差距在2007年年初的时候只有40bp，现在已达到700bp以上（图2-7）。上述措施的采取，使得套利的难度大大增加，也使得中央银行放弃中美利差学说变得更加容易起来。

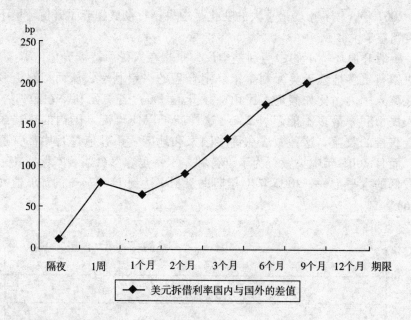

资料来源：中国国际金融有限公司。

图2-7 美元拆借利率国内和国外的差值

尽管中央银行放弃了中美利差学说，但并没有回到2004年单纯控制流动性而放弃利率控制的老路上。事实上，中央银行在2007年控制流动性的手段已经倾向于常规化的法定存款准备金率的上调。时任中央银行副行长吴晓灵还专门针对法定存款准备金率可以作为"常规武器"进行论述，以论证中央银行这样做的合理性。央票的定位则主要体现从回笼工具到利率基准的转变。但即使中央银行这样费尽心思地控制央票利率，并不是任何时间市场投资机构都买账，事实上，2007年多次出现市场上央票的发行利率与二级市场交易利率差距很大的情况（图2-8）。

2007年，通货膨胀加速上升、升息预期强烈、大盘股频频发行，央票二级市场利率大幅高于一级市场招标利率（特别是在6月），最终迫使一级市场利率在下半年走高。

特征二：银行间流动性从充裕转向枯竭，商业银行的可用资金是行情变动的最重要影响因素

商业银行上市后做高利润的冲动导致放贷积极，而中央银行为了遏制由信贷扩张导致的通货膨胀，下大力气狙击商业银行多余的流动性。因为在2007年先后10次上调存款准备金率，5次发行定向惩罚性票据，积极减少

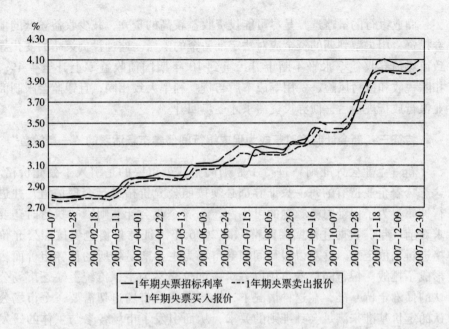

图2-8　1年期央票的发行利率和二级市场利率水平

商业银行可贷资金。这样做到直接后果是银行间市场可投资债券的资金逐步枯竭（图2-9）。

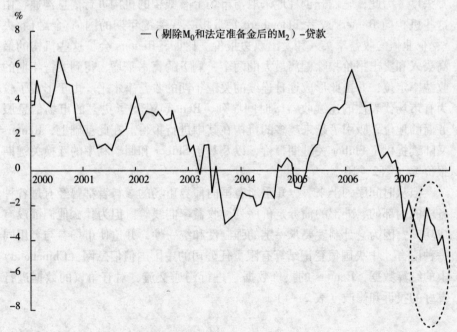

注：虚线圈表示可投资的资金进入负值区间。

图2-9　商业银行可投债券资金的变化

商业银行的策略选择是尽可能投资收益较高的贷款，减少收益较低的债券投资，用央票到期的资金应对法定准备金的上缴。这种投资策略的变化导致市场债券收益率水平不断上升，直到 10 年期国债收益率上升至 4.4%，扣除税收和银行风险、费用等成本后与贷款利率大致相同，且银监会限制商业银行放贷规模后，债券投资需求才逐步回升。

特征三：新会计制度改革成为促成银行间债券市场活跃的"一条鲶鱼"

新《企业会计准则》进行了原则调整，最重要的是引入了公允价格。这意味着企业持有的每一只证券都必须按照公允价格进行合理估值，并进行披露。为了保证财务数据的可比性，新《企业会计准则》在执行时还要求对前一年的数据进行回溯调整，即 2006 年的证券价格也要按照公允价格进行估值定价。这对以银行间债券市场为主要交易场所的债券定价而言形成了挑战。银行间债券市场以一对一询价交易为主，传统上缺乏市场公认的债券定价基准，在这种情况下，银行间债券市场迫切需要一个市场公认的定价基准来满足会计准则的要求，从而引发了市场各参与主体的研发和体制创新。

最先行动起来的是 Reuters 和 Bloomberg 两家国外的信息服务商。它们对中国询价市场上无法每日对债券收益率曲线的关键年期收益率定位感到非常头疼。为此，它们开创性地采取与市场上有威望的机构进行信息沟通，由这些机构向 Reuters 或者 Bloomberg 每日报一些关键年期的国债/金融债/央票/企业债的收益率买入和卖出双边报价。比如，Reuters 会将这些机构的最高买入和卖出报价扣除偏离最大的两个，剩下的算术平均，得到关键年期的收益率定位，并由此形成逐日连续的关键年期的收益率水平。由于形成了较为有市场代表性的连续收益率时间序列，Reuters 获得了更多的市场信息服务商的地位，吸引了越来越多的机构在其中进行报价。在此基础上，Reuters 又陆续提供了 Shibor 关键期报价，以及基于 Shibor 和回购利率的互换关键期报价等（图 2-10）。

但从时间序列上来看，几乎所有国内债券市场的参与者都曾经有过各种各样的内部的、外部的债券定价序列、收益率曲线等。但为什么他们都没有成功呢？因为会计制度要求一定的强制性和统一性，并迫使市场参与者用同一种语言〔中央国债登记结算有限责任公司的中国国债信息网（Chinabond）上的结算数据，Reuters 的报价数据〕进行沟通交流，对有争议的数据进行友好的投诉和修改（表 2-4）。

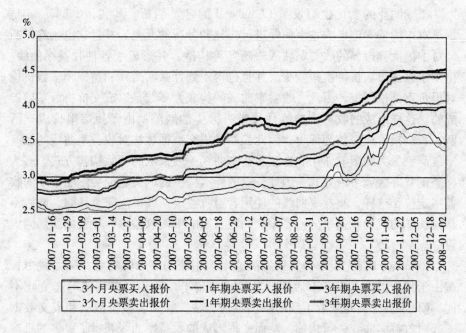

图 2 – 10 Reuters 央票报价

表 2 – 4 固定收益业内努力过程

顺序	业内机构	内容	效果或优缺点
1	北方之星	基于 Nelson – Siege 收益率曲线模型进行改良	市场大部分投资者选择该模型进行收益率曲线分析
2	Chinabond	收益率曲线模型	
3	红顶	三次样条函数	缺陷明显，仅有一定参考价值
4	上海证券交易所	国债净价指数、国债全价指数	一些基金将其作为比较基准
5	中信证券等	债券指数	无连续指数久期和凸性，指数不完整
6	Chinabond	中银债券指数系列	被部分基金选择作为比较基准
7	Bloomberg，北方之星、红顶等	双边报价历史数据的采集	分析过于复杂，无法操作
8	中国银行、中金公司、中银国际、中信证券等	根据日常交易和报价情况构建国债和金融债收益率曲线	数据不能共享，无法进一步进行分析
9	货币基金	影子估值小组	不能延展到报价相对稀少、成交不活跃的收益率远端
10	Reuters	通过向各机构询价获得关键年期收益率曲线定位	数据共享并形成时间序列

注：顺序只是一个相对的时间顺序，这里只是表明市场参与者曾经作出的努力。

市场同业的变化也引发了 Chinabond 的自发创新。其实，Chinabond 是最早对中国债券市场收益率曲线进行构建和分析的元老，并且它也始终不断地对中国债券市场的收益率曲线进行各种构造，并形成了各种收益率曲线。但由于以往市场报价机构较少，并且也得不到什么实质性利益，大多数机构对报价不是很积极，因此，收益率曲线的构成大多数是以成交价格为基础形成的。这样形成的收益率曲线往往带有天生的缺陷：由于短端报价成交活跃，长端报价成交较为稀少，因此长端的成交数据往往对收益率曲线的最终形成起到很大的影响作用。由于收益率曲线一般采取的函数构建方式，多为样条函数等区域平滑方式，因此长端的样本稀少的成交数据会影响中端的收益率定位。这样，收益率曲线的使用者对收益率曲线不能完全认同，或者不认同长端的成交收益率，或者不认同定位后的中端收益率，导致曲线形同虚设。

Chinabond 首先集中力气来解决这个天生缺陷。中国的收益率曲线中长端由于报价稀少，成交不活跃，形状较为扁平，与短、中端的形态变化不同，Chinabond 为此采取了新的模型定价方法，并结合报价数据和成交数据一起对收益率曲线进行构建，从而使得形成的收益率曲线获得了更多的机构认同。

中央银行于 2007 年 1 月 9 日公布《全国银行间债券市场做市商管理规定》，降低了做市商准入标准，在融券、手续费、数据等方面为做市商提供了更多的便利，但同时也对其双边报价券种的数量、期限和类型提出了更多的要求，改变了以往报价商出工不出力，只在下午 4 点之前挂上一堆双边报价的行为。中央国债登记结算有限责任公司也发布《关于对全国银行间债券市场做市商实行债券结算手续费优惠的实施细则》，给予做市商更多的甜头，鼓励做市商积极报价。

新《企业会计准则》要求，大多数机构使用 Chinabond 对每一只债券的定价估值作为自己的清算数据。基金公司从 2007 年 6 月开始，逐日从 Chinabond 接收债券数据，形成自己的每日清算估值，同时成立估值小组，对个别 Chinabond 上定价偏差较大的债券形成调整意见。在这样的不断努力下，Chinabond 上的债券的估值逐渐完善起来，并形成了六大系列，涵盖银行间、交易所不同债券种类的收益率曲线，一些难度较大的品种的收益率曲线也产生了。除了收益率曲线外，指数、持仓品种曲线也逐步形成，每个指数都有自己的久期、凸性、财富指数（类似全收益指数的概念）、净价指数、全价指数等，不一而足（图 2 - 11）。

特征四：新股发行等无风险套利行为冲击债券市场收益率水平

权益市场在压制债券市场的同时也提高了债券型和货币市场型基金的收益率，即金融市场之间的无套利均衡趋势事实上抬高了债券的收益率（图

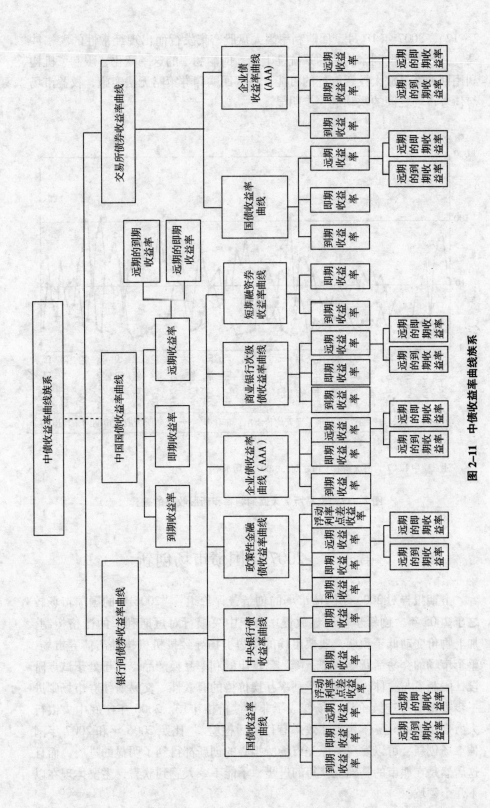

图 2-11　中债收益率曲线族系

2-12）。2007 年 10 月，回购利率因大盘股密集发行而出现经常性的大幅冲高，并导致回购利率均值的系统性上升。回购利率的这一变化，限制了机构利用回购交易放大投资杠杆的可能，一些回购养券策略无法实施，权益市场与债券市场之间的联动进一步明显。

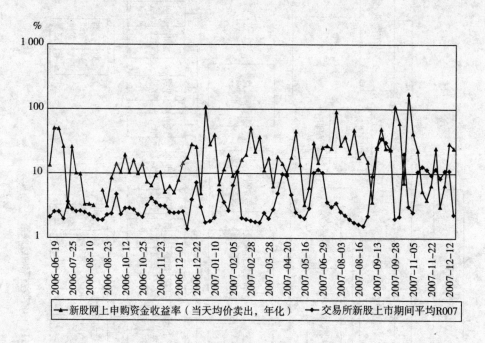

注：图中 R007 为两次新股上市之间的 R007 平均水平。

图 2-12　交易所 7 天回购利率和新股收益的差异

第三节　2007 年国债市场创新

上期报告对 2006 年国债市场的创新曾评价道："2006 年的国债市场较之于 2005 年，创新步伐明显放慢。由于中央银行对短期利率的严格控制，加上物价变动低于预期，股票市场的单边上扬导致投机机构抽离债券市场，整个市场的交易活跃度大幅下降。新推出的利率互换产品，由于处于试点阶段，限制参与主体……降低了利率互换价格的有效性。交易所债券市场则进一步委靡……连续价格市场变成了非连续价格市场。2006 年年底中央银行大力推出 Shibor……其实际效果有待以后检验。"比照 2006 年和 2007 年国债市场创新，可以发现，原先市场所担心的创新都得到了明显的进展，而且这居然是在熊市的基础上获得的进步，不能不令人感到欣喜，主要体现在以下几个领域。

一、提高市场流动性，做市商制度创新初显成效

流动性问题一直是制约债券市场发展的瓶颈问题，在提高市场流动性方面，2007 年有关部门推出了多项制度和措施，期望有所突破。但由于受制于各方面的条件，各项措施政策效果各有差异，其中做市商制度的改革取得的效果比较明显。

（一）交易所债券市场有待进一步培育

交易所债券市场是我国债券市场的重要组成部分，为发展交易所债券，2007 年上海证券交易所采取了多种措施刺激市场的发展，期望能形成与银行间债券市场互为补充的交易所债券市场，但由于相关配套制度的限制，这一平台作用的发挥还有待进一步培育。

由于 2006 年之前，交易所市场因为国债违规回购等行为曾引发了较大的市场风险，因此，为防范风险，提高债券回购制度的"安全性"，有关部门制定了一系列的交易规则，这些交易规则在确保安全的同时，在一定程度上影响了市场效率，降低了对市场主体的吸引力。主要体现在：（1）国债质押式回购的质押比例按照债券的市场价值进行调整，质押比例不能超过面值，更不能超过债券目前的市场价值，并且按周调整。该政策的出台直接导致高息票国债转托管至交易所的动力完全丧失。因为高息票国债交易价格超过面值，而这类品种如果转托管至交易所，由于质押比例不能超过 100%，从而回购效率大大降低（银行间可通过开放式回购获得正常的融资水平）。（2）2005 年以后新发国债在交易所只能做买断式融资，不能做质押式融资，导致市场人气进一步回落。（3）结算速度由原先的 T+0（买入债券后结算公司即显示券款兑付，可立即进行抵押融资）改为券款 T+1 日后真实兑付（要求券入库后再进行抵押融资），使得买卖方无法像以前那样通过买入—抵押融资—再买入的方式放大投资的资金比例。结算方式的改变降低了投资的杠杆性，一定程度上也降低了对投资者的吸引力。

为了弥补以上不足，交易所大力增加新的创新品种，以提升市场吸引力，吸引债券投资者的参与。这些措施包括：（1）引进开放式回购（因为买卖极度不活跃，业务实际上未有效进展）。（2）降低债券和回购交易手续费，以提高人气。（3）推出大宗债券交易双边报价业务（由于交易比较清淡，业务也未有实质性进展）。（4）上海证券交易所固定收益债平台投入运行，集合券商等形成类似银行间的报价系统。尽管如此，交易所国债托管量仍在持续下降，到 2007 年年底仅为 2 800 多亿元（图 2-13）。

（二）债券借贷业务发展相对滞后

2006 年年底推出债券借贷业务的主要目的是希望能够提高债券融出方的参与动力，并方便债券融入方融券。债券借贷业务要求债券融入方有足额

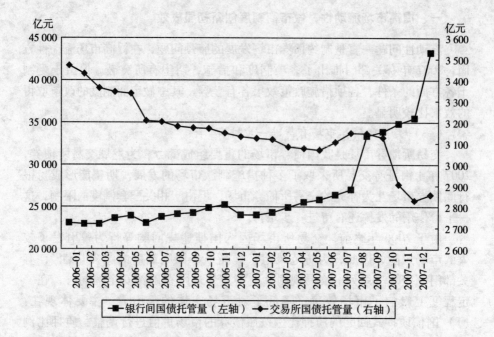

图 2 - 13　两个市场托管的国债数量差别

的抵押债券作为违约保障，而且债券借贷的融资费用和利息处理方式都有利于提高债券融出方的参与动力。但在实际操作中，债券借贷仍然面临着会计、税收等问题，比如债券的所在账户涉及投资户或可供交易户的归属，因此借出需要许多部门的协调，税收和会计处理不清等，而利率互换产品在2007年的广泛使用使得其取代债券借贷业务成为比较好的放空手段，因此，债券借贷业务整体发展缓慢。

不过反过来解释，正是由于债券借贷业务的相对停滞，导致机构投资者更多地利用利率互换进行放空，从而影响现券收益率曲线的波动变化，为许多基于互换和金融债收益率曲线的套利策略提供了可能。

（三）做市商制度创新成效明显

2007年1月发布的《全国银行间债券市场做市商管理规定》（以下简称《规定》），对做市商的权利和义务提出了新的规定，对银行间债券市场产生了重要的影响。

一是扩大了做市商数量。《规定》最重要的内容是降低了做市商准入标准，对做市商的要求主要包括：注册资本或净资本不少于12亿元人民币；上一年度的现券交易量排名前80位。按此标准，银行间市场不少商业银行、保险公司和证券公司都符合要求，因此做市商数量急剧增加。做市商数量的增加和机构类型的多样化能有效增加债券的流动性，从而改变债券市场目前有价无市的局面。

44

二是增加了债券期限和品种的报价，完善了收益率曲线。《规定》明确了做市商的义务，包括：（1）每家做市商确定的做市券种总数不得少于 6种，其中应当包括政府债券、政策性金融债和非政府信用债券；（2）做市券种的期限应当至少包含 0～1 年、1～3 年、3～5 年和 7 年以上等 5 个待偿期类型中的 4 个；（3）做市商一旦确定做市券种后，当日不能变更，且应当对所选定的做市商进行连续双边报价，双边报价空白时间不能超过 30 分钟；（4）做市券种单笔最小报价数量为面值 100 万元人民币。

在增加义务的同时，中央银行也通过一些政策支持为做市商提供便利，以提高其积极性。做市商享有的权利有：（1）获得在一级市场购买债券的便利；（2）优先成为国债、金融债承销团成员和公开市场业务一级交易商；（3）获得债券借贷便利；（4）获得在银行间市场进行产品创新的政策支持；（5）提高做市商业务达成的现券交易和债券借贷业务享受的交易手续费和结算手续费的优惠幅度；（6）获取同业中心实时提供的报价数据、成交数据等信息便利。

为了配合中央银行做市商管理规定，中央国债登记结算有限责任公司发布《关于对全国银行间债券市场做市商实行债券结算手续费优惠的实施细则》，主要是对做市商做市成交的现券交易及做市商债券借贷的单边结算手续费进行了规定。此举使许多交易商为了享受手续费结算优惠，对许多传统的询价交易也进行双边成交，这样就增强了成交价格和双边价格之间的有效性，促使收益率曲线和定价更加真实、有效，银行间债券市场的流动性得到明显改善。

二、债券市场各类投资策略得到广泛运用

债券市场流动性的提高，降低了投资者债券投资的交易成本，从而为投资者利用不同交易品种之间的定价差异进行套利提供了可能。在这一过程中，我国债券市场基准利率的不统一和非市场化特征，使得建立在其基础上的原生证券——浮息债券以及衍生证券——利率互换之间形成了错综复杂的平价关系，从而为 2007 年各种套利策略大行其道提供了可能。

（一）市场基准利率缺失导致债券市场定价出现系统性偏差

我国现行利率体系为"双轨制"，即受管制的间接融资利率和市场化的直接融资利率。基于利率风险管理的需要，目前主要形成了 1 年期定期存款利率，7 天回购利率和 Shibor 三种比较常用的基准利率，这三种利率在利率互换产品中也是主要的参考利率，自身各有其特定的优势和适用的产品和市场。

基于 1 年期定期存款利率的产品，其优点是与人民币贷款利率相关，而且市场中有不少基于一年期定期存款的浮息债，适用于相关机构进行资产负债管理，其缺点是定期存款利率作为管制利率并不随市场变化而灵活调整。

7天回购利率是市场化程度较高的货币市场利率，基于FR007的互换产品业是目标交易最活跃的产品，但是由于7天回购利率是短期利率，只反映了货币市场的资金供求情况，与金融机构和企业的资产负债情况相关性不高，2007年新股发行对其的冲击充分暴露了这一利率作为基准利率的不足。正因为如此，2007年1月推出的Shibor被寄予厚望，对构建我国货币市场基准利率具有重要意义。Shibor是由16家信用等级较高的银行组成报价团自主报出的人民币同业拆出利率计算确定的算术平均利率，是单利、无担保、批发性利率。每个交易日根据各行的报价，剔除最高、最低各两家报价，对其他报价进行算术平均后，得出每一期限品种的Shibor，并于每天11点半对外发布。

应该看到，Shibor属于报价产品，而非真实成交，因此，假如看到发布的7天Shibor利率为5%，但是投资者去向银行放逆回购，还是只能基于正常的7天回购加权平均利率的水平（比如为5.5%）去询价，而不能基于Shibor进行成交。这个报价体系是没有约束力的。这也是推出Shibor以来，投资者对这个报价体系信任度比较低的主要原因。

如果要形成对Shibor比较强有力的约束力，就要这16家信用等级比较高的银行发行基于Shibor的金融工具，将它们的某些投资决策融入到Shibor的定价当中去。如果没有基于Shibor的金融工具交易，报价商就没有动力去形成有真实成交市场力量的报价体系，因此，基于Shibor的浮动债的大量发行是促成Shibor体系的重要组成部分。由于发展时间较短，目前来看，Shibor离作为基准利率还有一定的距离，这使得Shibor和市场交易利率之间仍存在一定的偏差，直接体现在3个月Shibor对3个月央票利率的系统性高企。2007年年底，二者的利差达到了100个基点（图2-14）。

Shibor和市场交易利率产生巨大偏差的可能原因是：

第一，Shibor仍然是一个报价体系，它不是大量真实成交的序列，并且3个月Shibor的真实成交更为稀少，数据质量性不高。反观3个月互换报价（这里采用的是活跃度比较高的国家开发银行的互换报价），由于有真实的套利策略的实施，因此与3个月央票的收益率水平更加契合。当然，从图2-14可以看出，3个月互换的波动总是大于3个月央票波动，在3个月央票利率上升时更大幅度地上升，在3个月央票利率下降时更大幅度地下降。这体现出互换作为机构卖空和投机工具的特质。

第二，Shibor作为拆借利率，不同于7天质押式回购利率，不需要抵押物，无质押品进行二次融资。因此，当市场利率波动幅度巨大时，Shibor理应要求更多的波动率补偿。从图2-15可以看出，2007年由于新股的大量、集中发行，银行间7天回购利率波动巨大，但是3个月央票的买卖利差并没有受到较大的波及。这主要是因为利用3个月央票进行滚动融资，在融资活动结束后，质押方仍可以获得3个月央票，因此，不需要被迫卖出现券。但

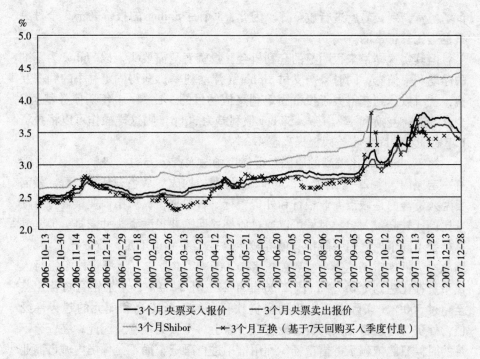

图 2-14　3 个月央票、Shibor 和互换（国家开发银行报价）的利率走势

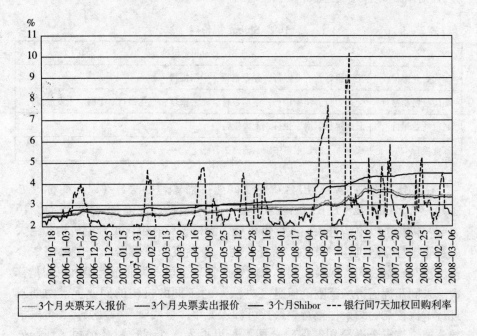

图 2-15　3 个月 Shibor、央票和 7 天回购利率对比图

是如果资金拆出方进行了 3 个月 Shibor 操作，则其间无抵押物进行二次融
资，这样就无法进行套利操作，比如质押式回购申购新股，或者利用银行间

市场融资，到交易所进行放款等。因此，3 个月 Shibor 的报价高于 3 个月央票也是比较正常的。

但其实这样带来很明显的套利机会。投资者只需要买入以 Shibor 为基准的浮动利率债券，同时参与支付 Shibor（浮动利率）获得固定利率的利率互换，就可以达到获得大于投资固定利息债的目的。比如，1 年期债券基于 3 个月 Shibor 互换利率为 4%，Shibor 债利差为 30bp，则这样操作可以将投资 1 年期债券的固定收益回报提高至 4.3%。

第三，Shibor 比较高的原因与拆借市场融入资金方的"势单力薄"可能有一定原因。表 2－5 是 16 家 Shibor 报价商的构成。从生态环境上看，最需要融入资金的是城市商业银行和外资银行。一般来说，城市商业银行持有债券比例比较高，大多数时候可以通过质押式回购获得融资头寸安排，但是外资行就不同了，它们一般持有债券较少，现金头寸也不足，贷款比重较高，因此成为拆借市场的资金主要需求者。2007 年 11 月末，上海市外资银行人民币贷存比达到 156.7%，比 2006 年年末上升 27.4%，个别银行贷存比甚至超过 500%。实际上，由于国内贷款利率的不断走高和美元的趋势性贬值，外资行普遍将有限的资金配置在贷款上，不去买债券，因此，在资金不足的时候只能依赖于拆借市场，利用信用进行融资，而不是像国内城市商业银行利用债券质押进行融资。

表 2－5   16 家 Shibor 报价商

类　别	16 家 Shibor 报价商
四大商业银行	工商银行、农业银行、建设银行、中国银行
全国股份制银行	交通银行、招商银行、中信银行、光大银行、兴业银行、上海浦东发展银行
城市商业银行	北京银行、南京银行、上海银行
外资银行	德意志上海、汇丰中国、渣打银行

这种情况在中央银行出台新规《同业拆借管理办法》（以下简称《办法》）后（2007 年 8 月 6 日开始实施）可能会有所改变。《办法》规定了 16 类金融机构可以申请进入同业拆借市场，涵盖了所有银行类金融机构和绝大多数非银行金融机构。其中，信托公司、金融资产管理公司、金融租赁公司、汽车金融公司、保险公司、保险资产管理公司六类非银行金融机构是首次纳入同业拆借市场范围。但是《办法》对不同的机构的同业拆借的期限进行了比较强的约束：银行类最长可拆入 1 年，金融资产管理公司、金融租赁公司、汽车金融公司、保险公司最长可拆入 3 个月，财务公司、证券公司、信托公司、保险资产管理公司最长只能拆入 7 天，并且同业拆借到期后不得展期。拆借市场主要是为解决机构的短期资金头寸问题，从这个角度讲，7 天约束力虽然较强，但也还算比较合理。

（二）基于利率互换的投资策略创新

利率互换市场在2007年取得了巨大发展，成为最活跃、成交量最大的交易品种。从公布的成交数据来看，成交量明显放大，其中以基于回购利率的互换居多（名义金额量为准），但其成交量呈现萎缩状态，而基于Shibor的互换成交量在逐步上升。出现这种逆转的原因是回购利率波动较大也较频繁，使得投资者很难判断其利率走势，通过基于回购利率的互换进行对冲变得困难；而Shibor成为中央银行力推的货币市场利率基准，基于Shibor的产品也逐渐增加，使得投资者通过Shibor利率互换进行风险对冲的需求也有所增加。基于1年期定期存款的互换成交量比较稀少（图2–16）。

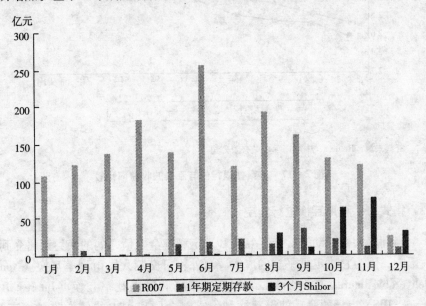

图2–16　2007年不同基准利率的互换产品交易量对比

成交量的放大有多方面的原因，但最主要的原因是市场利率风险加大（中央银行不断加息），利率互换可以较好地对冲利率上升的风险。基于互换的投资策略主要有以下四种模式。

模式一：利用互换对同期限金融债的收益率进行相对价值评价

从国外的收益率曲线来看，互换的利率曲线就等同于基于浮动利率发行的公司债的收益率曲线。如果两者有差别，那就可以利用其进行套利。事实上，从互换利率的走势来看，也经历了两个阶段。初期互换利率就是基于同期限的金融债收益率进行定价的。在利率走向平稳的情况下，如果基于7天回购的互换利率低于政策性银行债，则可以通过7天回购融资买入政策性银行债或央票，同时进行互换交易，支付固定利率，从而获得债券收益率和互换利率之间的利差。

实际上，利率互换初期确实是以政策性金融债的收益率为主要定价标准的。后来之所以形成了独立走势，主要是由于回购利率的大幅波动和利率变动预期的形成所影响（图2–17）。

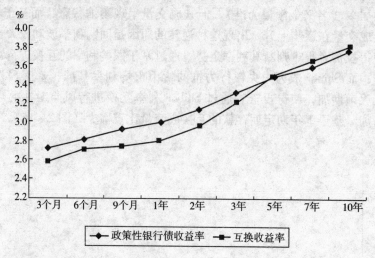

资料来源：Reuters，中国国际金融有限公司。

图2–17 政策性银行债与互换的收益率比较

模式二：利用互换进行卖空

当利率大幅变动时，上述互换和固定利率金融债之间的换券策略受到很大影响，因为它决定了平仓的成本。海外不可交割人民币利率互换（Non-Deliverable Interest Rate Swap，NDIRS）市场和国内利率互换（Interest Rate Swap，IRS）市场的联动使得互换利率有时会脱离国内的债券收益率走势，并将波动放大，利率互换也就更多地成为了对冲利率风险和判断利率方向进行投机的工具，而不是在债券之间套利的工具，因此，互换利率走势和浮动方短期利率的走势更为相关。

具体做法是：在升息预期强烈的时期，传统的二级市场持有金融债和央票的投资者由于二级市场买卖报价利差的大幅上升而失去卖出债券及时止损的愿望。而可以参与互换的投资者看到互换买入报价大幅高于同期限的金融债/央票的收益率，则可以将持有的金融债/央票卖出并同时收取固定利率，从而提高投资回报。而对于互换的做市商而言，在利率上升时期，通过在现券市场和互换市场进行联动，即首先在互换市场构建支付固定利率的头寸，然后借助升息预期强化的时机，在现券市场上连续点击金融债双边报价的买价，提高市场恐慌程度，抬高现券收益率，达到二级市场利率走高的效果。等到互换利率报价随现券上升后，再在互换市场反向清算原有头寸，实现做空获利的目的。

　　海外互换利率投资者的参与应该说是国内互换交易策略的指导者。海外 NDIRS 起步于 2006 年 8 月，此后逐步壮大。海外投资者赌中央银行加息时，认为利率将继续走高，因此积极持有 NDIRS 的空头，导致 NDIRS 的利率迅速走高，而 NDIRS 和国内 IRS 之间的差异为外资银行提供了套利空间，从而进一步推高了国内 IRS 的报价（图 2 - 18）。

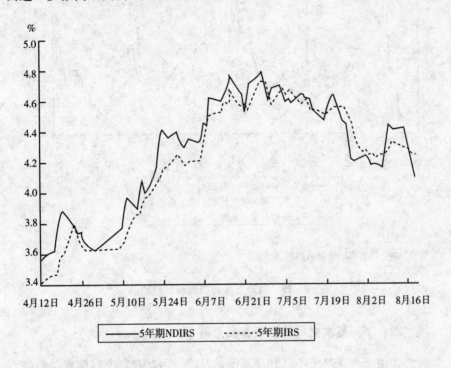

资料来源：Reuters，Bloomberg。

图 2 - 18　2007 年 5 年期 NDIRS 和 IRS 走势

　　这样，互换利率在行情变动时期波动较大，特别是在利率上升时期，变动幅度要明显高于同期限的政策性银行债收益率水平。互换利率和固定利率之间的偏差和偏离方向，构成了 2007 年投资策略的主要创新方向。

模式三：利用互换规避回购利率大幅波动风险

　　2007 年，回购利率呈现大幅波动的情况，为了规避回购利率上升的风险，投资者可以通过利率互换来进行对冲。特别是对于期限较短的互换而言，更多参考相应期限内对应的回购利率平均水平之间的关系。比如，基于 7 天回购利率的 3 个月互换利率与 7 天回购利率有较强的相关性（图 2 - 19）。投资者可以通过在利率互换中收取浮动利率、支付固定利率的方式来锁定未来一段时间的融资成本，对于频繁"打新股"的投资者而言，利用互换锁定融资成本能够较好地规避利率风险。

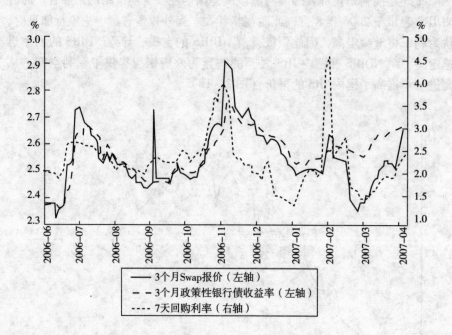

资料来源：中国国际金融有限公司。

图2－19　利率互换与回购利率走势

模式四：不同基准之间的互换套利策略

另外，由于存在基于不同利率基准的互换，因此在利率基准变动趋势不同时，基于不同利率基准的互换之间就存在基差变动的套利策略。2007年，比较活跃的两种互换的利率基准 Shibor 和 Repo 走势波动较大。这样，利用可得数据计算 Shibor 和 Repo 的利差走势，以及基于 Shibor 和基于 Repo 的互换利率的利差之间的走势，如果出现较大的差异，则可以进行利差套利策略。

我们仔细观察基于 Shibor 和基于 Repo 的互换的息差变化，可以发现一些套利机会。比如 8 月份，Shibor 和 Repo 之间的偏差继续扩大，但基于 Shibor 和基于 Repo 的互换之间的收益率（固定利率）之间的利差却始终保持在 30bp 左右，这导致不同基准之间的套利机会形成。在 Shibor 互换中支付固定利率，而在同一期限的 Repo 中收取固定利率。虽然在固定方会净支出 30bp，但是在浮动方获得的净利息收益应该在 40bp 以上，整个交易的息差收益是正的（图 2 - 20）。

由于形成了可操作性的套利策略，因此，利率互换的成交量大幅增加，并成为中央银行推出的各种衍生产品中最具活力和市场化的品种之一。

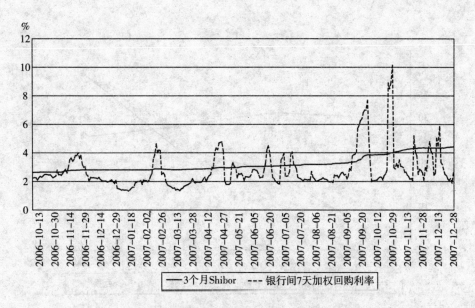

图 2－20　Shibor 和 Repo 的波动性差别巨大

（三）基于互换利差的浮息债定价策略创新

互换和以其基准发行的浮息债之间可以进行套利。由于目前互换有基于
7 天回购的互换、基于 Shibor 利率的互换和基于 1 年期存款利率的互换，因
此就构成了以这些浮动利率为基准的浮息债和以这些浮动利率为对价的互换
之间的定价模式。

模式一：Shibor 利率为基准的浮动利率债券定价

中央银行对 Shibor 利率体系寄予厚望，希望其能形成行业自发的利率体
系，并以此形成对存贷款利率等利率体系的总体指导，从而在未来取消存款
上限和贷款下限时，不至于重蹈 20 世纪 90 年代放开存款利率后各大银行疯
狂吸储的覆辙。

但是由于目前 Shibor 还是一个没有真实成交的报价体系，因此，如果要
形成对 Shibor 比较强有力的约束力，就要市场上出现比较多基于 Shibor 的金
融工具，要使得市场参与者将其投资决策融入到 Shibor 的定价当中去。而且
如果没有基于 Shibor 的金融工具交易，报价商就没有动力去形成有真实成交
市场力量的报价体系，因此，基于 Shibor 利率的浮动债的大量发行是促成
Shibor 体系的重要组成部分。

2007 年 6 月 19 日，国家开发银行首先发行了一期 100 亿元基于 Shibor
的浮息债（07 国开 11）。其后中国农业发展银行和中国进出口银行也分别
发行了基于 Shibor 利率的浮动利率债，并初步形成了 1 年、2 年、3 年和 5
年的基于 Shibor 的浮息债的利差曲线。可以看出，它和互换利差是差别很大
的（图 2－21）。

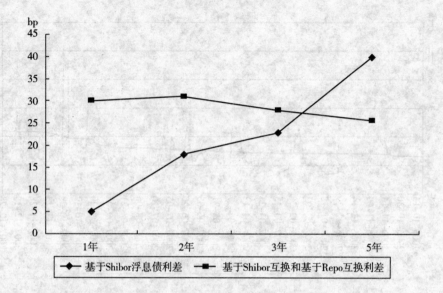

资料来源：Reuters，中国国际金融有限公司。

图 2－21　不同期限基于 Shibor 浮息债利差和互换利差比较

这就意味着，要么是这些浮息券定价错误，要么是互换利差出现定价错误，因为基于 Shibor 和基于 Repo 的互换利差不应当是一样的（它们的参考基准差异巨大）。因此假设基于 Shibor 的浮息券发行不断增加，则基于 Shibor 的浮息券和基于 Shibor 的互换利差曲线应当趋向一致。

模式二：一年期定期存款为基准的浮息债定价

以一年期定期存款利率为基准的浮息债历史上发行规模较大，2007 年由于机构需求较高，发行量继续走高，而以一年期定期存款为基准的互换则成交较为稀少。因此，两者的定价偏差应当是为未来基于一年期定期存款为基准的互换利差变动趋势作指导。

从历史经验看，一年期定期存款为基准的浮息债的利差与同期限固定利息债利率和定期存款利率的利差走势高度相关，即假如升息后固定利息债的利率升幅低于升息幅度，则显示二级市场利差下降，该类型浮息债的收益增加。

从互换角度理解来看，07 国开 03（7 年期）发行期前二级市场浮息债和固息债利差在 26bp（浮息低于固息 26bp）。但从 2 月份成交的 7 年期基于存款利率的互换利率为 3.38% 可以推出，隐含的浮息债利差实际不到 20bp。显示互换报价过低，要求规避一年期定期存款波动风险的要求过于强烈。从这个角度讲，二级市场的以一年期定期存款为基准的浮息债投资价值较高。

从银行存款活期化的角度来看，银行希望提高负债的期限，而在互换交易中，银行作为固定利率的支付方，相当于将一年期定期存款转换成期限更长的存款，从而达到稳定资金成本的目的。而互换利率只需要低于同期限存款利率或者银行直接发债的利率，对银行就有吸引力。因此，即使互换利率显著高于二级市场浮息债的交易收益率水平，但仍明显低于同期限商业银行债的收益率水平。因此，通过现券和互换市场的报价差异，投资者可以在买入该类浮息债的同时，作为浮动利率的支付方，进行基于存款利率的利率互换。这样就把浮息债转变成固息债，进一步提高回报率。

当然，银行也可以不断发行基于一年期定期存款为基准的浮动利率债券，来获得更高的回报。

模式三：7天回购利率为基准的浮息债定价

最传统的浮息债定价大概就是以7天回购利率为基准的浮息债定价了。其中的潜在套利方式就是传统的回购养券。理论上讲，利率互换的报价不能显著低于政策性银行债的收益率，否则投资者可以通过7天回购来滚动融资并买入相应期限的固息政策性银行债，同时签订利率互换协议（支付固定利率，收取7天回购利率），则可以获得相应的利差收益。但实际上，互换利率（特别是短端）报价与相应期限的央票和政策性银行债收益率偏差越来越大，更多地显示了投资者对未来升息变化的预期和需求单方面的增加导致套利交易的另一方需求减少。

互换的成交量增加和利率走低，显示了需求的变动方向，即机构对收取固定利率（支付浮动利率）的需求增加，导致报价商只能降低其报价利率来抑制这种需求。这种需求可能来自于机构的套利心态，因为市场认为7天回购利率的长期平均水平要低于各期限的互换利率报价，因此可通过利率互换支付回购利率并收取固定利率来获得额外回报。由于短端的互换头寸利率风险较小，与回购利率之间的大小关系也更加容易确定（即通过回购融资进行的息差交易）。从互换的利率走势来看，中央银行维持的一年期央票收益率有明显的高估嫌疑。

利率互换显示的预期，对于确定7天回购利率为基准的浮动利率债的定价产生了积极的影响。2007年以来，各机构开始确定浮动利率债利差的时候，不仅用二级市场的同类品种的交易利差，也开始利用互换报价来确定浮动利率债利差的合理水平。

（四）基于跨市场交易的投资策略

由于股市的逐步走强，交易所国债的成交量急剧扩大，尤其是一年期以下的国债品种。这与很多基金契约中被动要求配置5%左右的短期金融工具有很大关系。在股指大幅上扬时，由于股票市值的大幅上升，需要被动配置这些品种，而当股票市值缩水时，又需要减少这些品种的配置水平，这种不合情理的配置要求导致非跨市场短期国债（流动性未受到银行间市场托管的影响）收益率波动巨大，并且收益率被人为压低在比较低的水平上。比如在上海证券交易所交易的 2001 年第 3 期国债（代码 010103）将在 2008 年 4 月到期，存续期仅为 1 年。由于股票型基金的被动配置，收益率迅速下降，与银行间一年期国债收益率的上升形成了鲜明对比。在这种情况下，很多机构进行了跨市场套利策略，这在 2007 年第 9 期国债（代码 070009）上表现非常明显：070009 的发行利率为 2.61%，而在交易所交易的 010103 的市场收益率在 2.1% ~ 2.3% 波动。投资机构可以在银行间买入 070009 后转托管至交易所市场，从而既可以获得跨市场价差收益，又可以获得融资上的便利（图 2 - 22）。

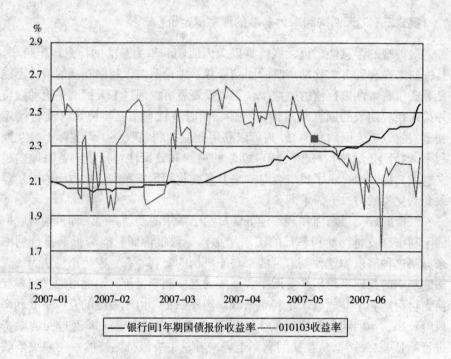

资料来源：Reuters，中国国际金融有限公司。

图 2 - 22　银行间和交易所 1 年期国债收益率

图 2 - 23 可以清晰地显示出这种趋势：套利力量导致基金对跨市场 1 年期国债的需求量增加，其中 07 国债 09 到 2007 年年底时已经被 21 家基金所持有。

总而言之，新会计准则的引入，引发 2007 年国债市场的一系列积极变化，并促使制度创新效果显现，产品创新大幅增加，衍生产品市场活跃起来。尽管市场处于熊市，仍出现了一些做空和跨市场套利的可行投资策略。市场正在朝向一个完备的、功能更加规范、信息更加透明和可得的市场跃进。

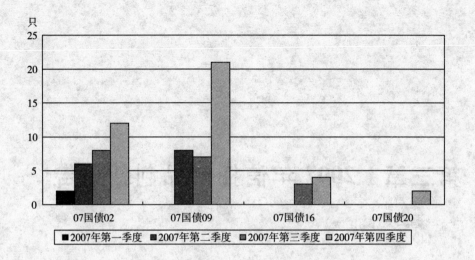

图 2－23　参与跨市场 1 年期国债的基金

　　预计 2008 年，债券市场的债券借贷业务发展瓶颈将被打破，上海证券交易所公司债和企业债的规模将大幅上升。债券现券波动性将大幅上升，交易型机构将增加获利机会，促使其大幅提升国内固定收益交易工具和交易技能。

第三章　2007年信托产品创新报告①

□孟　辉②　邓国山③

　　在总结过去信托公司发展的经验教训的基础上，2007年监管部门出台了《信托公司管理办法》和《信托公司集合资金信托计划管理办法》等一系列新的监管政策，对信托行业实施了新的定位，成为影响2007年信托产品创新的主要驱动因素。

　　按照新的信托监管政策的要求，信托公司根据自身的实际情况，积极探索在新的行业环境下产品创新的模式和手段，在多个市场和领域取得了积极的进展，充分体现了信托公司经营灵活性和业务多元化的优势。

第一节　2007年信托公司发展概述

一、2007年信托业大事总结

表3-1　　　　　　　　　2007年信托业大事记

2007年1月14日，安信信托董事会审议通过向中信信托股东定向发行股票的议案，通过收购资产完成中信信托的借壳上市。
2007年1月23日，中国银监会以2007年第2号主席令颁布了《信托公司管理办法》和《信托公司集合资金信托计划管理办法》。

---

① 云南国际信托投资有限公司研究部为本章报告的写作提供了大力支持，在此表示感谢。
② 经济学博士，副研究员，长期从事资本市场理论与实务工作，现供职于中国人民银行。本文系个人观点，文责自负。
③ 经济学硕士，现供职于云南国际信托投资有限公司。

2007 年 2 月 14 日，中国银监会下发的《关于实施〈信托公司管理办法〉和〈信托公司集合资金信托计划管理办法〉有关具体事项的通知》明确："对获准换发新的金融许可证的信托投资公司，银监会鼓励其在业务创新、组织管理等方面主动提出试点方案，按照审批程序，优先支持其开展私人股权投资信托、资产证券化、受托境外理财、房地产投资信托等创新类业务。"

2007 年 3 月 1 日，《信托公司管理办法》、《信托公司集合资金信托计划管理办法》正式实施之后，各大信托公司根据要求，积极清理资产、优化业务结构，力争早日达到监管层的要求，换发新牌照。

2007 年 3 月 7 日，银监会向各银监局和银监会直接监管的信托公司发出了关于印发《信托公司治理指引》的通知，要求各信托公司根据公司实际情况完善公司治理结构，于 2007 年 12 月 31 日前修订公司章程，使公司治理体现受益人利益最大化的基本原则。该指引于 2007 年 3 月 1 日起实施。

2007 年 3 月 20 日，中国银监会和国家外汇管理局制定了《信托公司受托境外理财业务管理暂行办法》。

2007 年 4 月 25 日，以上海国投①、中诚信托②、华宝信托③、中海信托④等单位理事组成的上海信托登记中心理事会在上海宣布成立，这标志着 2006 年成立的全国唯一一家信托登记中心正式开始运营。

2007 年 5 月，经中国银监会批准，交通银行股份有限公司对湖北省国际信托投资有限公司实施重组，组建"交银国际信托有限公司"（以下简称交银国信）。这是中国首次正式批准商业银行入股信托公司实施综合经营。之后，民生银行认购陕西省国际信托投资有限公司定向增发的 1.33 亿股，成为并列第一大股东；中国人寿收购中诚信托 60% 股权，成为第一大股东；华融资产管理公司重组新疆信托，设立华融信托；相关案例陆续见诸报端。

2007 年 7 月，中海信托增资扩股到 12 亿元，变更为股份有限公司，并宣布拟首次公开发行上市，掀开了信托公司上市的热潮。除了中信信托借壳安信信托上市外，11 月 ST 四环发布公告，拟通过换股吸收合并北方信托，实现北方信托的借壳上市。

2007 年 9 月，上海国投和中信信托两家信托公司首批获得 QDII 业务资格。

2007 年 10 月 28 日，全国首家银行系信托公司——交银国信在湖北武汉正式开门营业。公司注册资本人民币 12 亿元。交通银行以现金出资 10.2 亿元人民币，持有 85% 的股权。

2007 年 11 月，中国银监会《关于进一步规范集合资金信托业务有关问题的通知》取消"双十"限制，即一只基金持有一家上市公司的股票，其市值不能超过基金资产净值的 10%；同一基金管理人管理的全部基金持有一家公司发行的证券，不得超过该证券的 10%。

2007 年 11 月 5 日，英国安石基金入股北京国际信托公司获得监管部门批准，这是我国首家外资金融机构作为战略投资者入主信托公司的案例。之后，又陆续有英国巴克莱银行参股新华信托、澳大利亚国民银行参股联华信托、苏格兰皇家银行参股苏州信托等案例出现。

---

① 全称为上海国际信托投资有限公司。
② 全称为中诚信托有限责任公司。
③ 全称为华宝信托投资有限责任公司。
④ 全称为中海信托投资有限责任公司。

二、2007 年信托市场概述

尽管 2007 年信托业监管政策出现了较大的变化，但信托公司及时调整业务重点，适应监管政策和市场环境的变化，取得了较好的效果，总体保持了业务发展的平稳增长，信托产品的发行数量与融资规模再创新高，对市场的影响力进一步增强。据云南国际信托投资有限公司（以下简称云南国投）不完全统计，截至 2007 年 12 月 31 日，全国信托公司共发行信托产品 564 只，募集金额人民币 700.14 亿元，平均每只信托产品募集金额约 1.24 亿元。与 2006 年的 531 只信托产品、584.6 亿元的发行规模相比，产品数量增长 6.21%，募集金额增长 19.76%（图 3 – 1）。

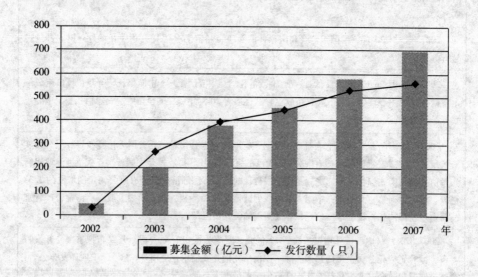

资料来源：云南国际信托投资有限公司研究报告，下同。

图 3 – 1　2002—2007 年信托产品发行情况对比

按照投资方向划分，2007 年信托产品资金运用的方向主要集中在金融证券、企业融资和房地产方面，其中投资于金融证券和企业融资方向的信托产品数量最多，分别为 400 只和 53 只，资金规模分别为 485.06 亿元和 92.9 亿元，约占 2007 年信托产品资金总规模的 80%（图 3 – 2，图 3 – 3）。

金融证券领域信托产品的大量开发，主要得益于 2007 年股票市场的持续大幅上涨激发的投资者参与股市的需求，而信托公司敏锐地把握了市场，通过开发不同类型的证券投资信托，包括针对高端客户、体现不同风险收益结构的私募证券投资信托类型，如深圳模式、上海模式和云南模式，以及针对低风险偏好客户开发的银信合作新股申购类产品等。正是这些产品创新促进了信托业务在金融证券投资领域的大发展。

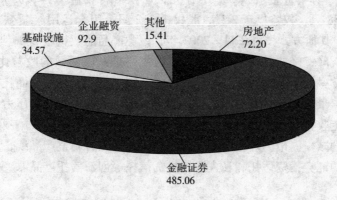

图 3 – 2 2007 年按募集金额信托产品发行分类统计（单位：亿元）

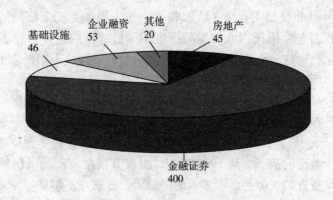

图 3 – 3 2007 年按产品数量信托产品发行分类统计（单位：只）

在企业融资领域，2007 年设立的 53 只信托产品中，贷款运用 19 只，权益投资 11 只，股权投资 21 只，其他方式投资 2 只。与 2006 年相比，采用非贷款投资方式成立的信托产品的占比增长迅速。这一方面是因为新规定对贷款方式的融资进行了限制；另一方面是因为信托产品开发从单纯的融资为主向兼顾投融资双方利益、强化投资功能过渡。信托公司大量开发各类类似私人股权投资的产品，直接表现为对工商企业的股权融资比例大幅上升。

2007 年，运用于房地产领域和基础设施领域的信托产品数量和规模有所降低。2007 年，房地产信托产品共有 45 只，募集资金规模 72.20 亿元，加权平均收益率为 7.83%。其中，贷款运用 28 只，权益投资 7 只，股权投资 4 只，其他方式投资 6 只，贷款运用的方式占了 62.22%。受制于近几年国家对房地产领域的宏观调控，2007 年房地产信托产品规模较之 2005 年的 113 只和 2006 年的 95 只出现了较大萎缩。基础设施领域的信托产品 2007 年共有46只，募集资金规模34.57亿元，加权平均收益率为5.74%。其中，贷款运用38只，权益投资2只，股权投资2只，组合运用（贷款＋股权投资）2只，其他方式投资2只。2007年，该类产品的数量较2006年83只出现了较大下降，降幅约为44.58%。原因主要是：该领域的收益比较稳定，适合于贷款融资，但新的法规和监管要求限制了贷款的规模，而且在物价持续上涨的背景下，投资者更愿意投资股权市场，抵御通货膨胀压力，而不愿意参与固定收益类产品的投资，这在一定程度上导致了基础设施领域的信托产品需求的减少。市场环境的变化促使信托公司及时调整产品线，开发适应市场需求的证券投资信托和私人股权投资信托等创新信托产品。

第二节　信托新政出台背景及其对信托产品创新的影响分析

2007年《信托公司管理办法》和《信托公司集合资金信托计划管理办法》的推出对整个信托行业的发展产生了深远的影响，并引发了整个行业格局的变化，对这一政策以及整个行业发展趋势的理解不能局限于现在的政策和事件，而应从整个金融体系的结构优化谈起。

一直以来，我国形成了以间接融资为主的金融结构，社会融资过度依赖银行信贷，在一定程度上使得风险过度集中于银行体系，引发金融体系的不稳定，20世纪90年代具有类似金融结构的亚洲国家普遍受到金融危机的冲击就是一个典型的例子。从1998年起，发展直接融资市场就已成为金融改革的重要发展方向，但是由于多方面的原因，收效并不明显。

2005年以来，流动性过剩成为我国宏观经济面临的突出问题。流动性过剩一方面使得银行可贷资金充裕，另一方面也为股票、债券、房地产等直接融资市场的发展提供了契机。在直接融资市场发展的背景下，各类中介机构如基金管理公司等都得到了政策的大力扶持，获得了迅猛的发展。相对而言，信托公司却受到诸多限制，究其原因，主要是信托公司类银行的经营模式蕴涵着潜在的风险。

直接融资的基本原则在于投资者风险自担，从而有利于风险的分散和转移，这也是大力发展直接融资市场的政策初衷。而信托公司由于依赖类银行的经营模式，风险仍然集中，一旦不能到期偿还，风险可能迅速扩散，金信信托引发的风险充分说明了这一模式的巨大风险。在当前流动性过剩的背景下，如果仍然按照这一模式经营，可能形成的风险会更大。为此，监管部门对信托公司现有经营模式进行了强力督改，2007年出台相关信托业新的管理办法也就顺理成章了。新的管理办法从制度上杜绝了这种信托公司偏离信托本质的经营模式。

一、回复信托主业，突出信托财产管理功能

对信托公司固有财产管理业务的规范是此次政策调整的重要内容，在保留拆放同业、贷款、投资、担保四种固有财产运作方式的同时，对这些运作方式给予了诸多限制，如明确"投资业务限定为金融类公司股权投资、金融产品投资和自用固定资产投资"，"信托公司不得以固有财产进行实业投资"，担保余额由原先不超过注册资本金调整为净资产的50%。这些政策的核心就是压缩并限制信托公司的固有业务、风险业务，促使信托公司重新定位为"受人之托，代人理财"的专业化机构，改变目前固有业务与信托业务主次不分的局面。在突出信托主业的同时，也有利于加强信托公司自身抗风险能力，避免受托人利益与受益人利益之间产生矛盾和冲突，杜绝出现信托公司成为股东等关联方的融资平台或利益输送体，提高信托公司的市场公信力。

二、引入"合格投资者"概念，再次明确了信托服务私募客户的原则

对信托公司从事集合资金信托业务，明确委托人必须为合格投资者，即指符合下列条件之一，能够识别、判断和承担信托计划相应风险的人：(1) 投资一个信托计划的最低金额不少于100万元人民币的自然人、法人或者依法成立的其他组织；(2) 个人或家庭金融资产总计在其认购时超过100万元人民币，且能提供相关财产证明的自然人；(3) 个人收入在最近三年内每年收入超过20万元人民币或者夫妻双方合计收入在最近三年内每年收入超过30万元人民币，且能提供相关收入证明的自然人。这一政策的变化，切实提高了信托服务客户的门槛，有利于改变过去信托公司以中低端客户、以自然人客户、以非指向性客户为主导的客户结构，避免因委托人过低的抗风险能力而引发的社会不稳定。但与此同时，这一政策规定也增大了信托公司产品营销的难度，从而迫使信托公司必须在充分理解客户需求的前提下，加大产品创新力度，提高客户服务的质量，拓展服务的范围。

三、鼓励产品创新，体现信托自身的专业化优势

伴随着上述限制性政策的实施，信托公司迫切需要适应政策环境的变化，通过产品创新构建新的业务模式。在这方面，新的政策支持信托公司拓展业务范围，对于管理规范、内控严密的信托公司支持其从事私人股权投资信托、资产证券化、受境外理财、房地产投资信托等创新类业务，并且在产品设计方面，允许将信托受益权划分为等额份额的信托单位，并且在满足一定条件的前提下，信托单位的发行允许突破200份的限制。这些措施有利于信托公司充分发挥信托制度的比较优势，结合自身的特点，在特定业务领域实现差异化竞争，突出信托业务的专业化特点。

"信托新政"的实施进一步强化了信托公司作为投资中介的作用，一方面，有利于发挥信托制度的独特优势，防止了在原有制度框架下信托公司成为某些机构和个人的融资平台，最终导致风险向社会和国家转嫁的可能；另一方面，也为信托公司加强产品创新，拓展创新业务提供了政策激励。而信托公司横跨货币、资本和实物市场的综合化经营优势充分体现，成为包括银行、保险在内的国内外金融机构突破政策限制，实现综合经营或其他战略目的的实施平台。这一系列变化为2007年信托产品的创新提供了重要的驱动因素。

第三节　"信托新政"驱动下各业务领域中的信托产品创新

按照信托业务与其依托的信托制度之间的关系，信托公司的业务大致可以区分为以下三类：受托管理业务、资产运用业务和资产流动化业务（融资业务）（图3－4）。

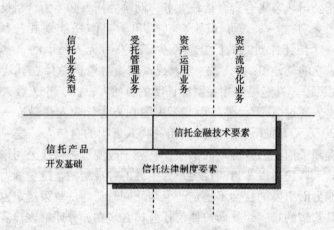

图3－4　信托业务类型与信托产品依托要素的关系

上述三种类型的业务都依托信托的法律制度要素，但资产运用业务和资产流动化业务由于涉及资金的融通，在信托制度要素基础上还必须依赖于信托的金融技术要素。

受托管理业务是指受托人发挥信托的平台作用，按照委托人的指示对信托财产进行事务性管理的业务。该业务本身并不直接导致信托财产价值形式的转化，因而不具有金融的特性，从而与资产运用业务和资产流动化业务形成区别。

资产运用业务是指受托人基于自己的酌情判断、以信托财产的保值增值为目的，对信托财产（通常是金钱）加以运用的业务，即通常所称的信托投资业务。而资产流动化业务是指受托人接受原资产所有人的委托，以提高资产的流动性，帮助委托人筹措资金的业务，即通常所称的信托融资业务。这两类业务具有自身特性的同时也具有共性。从特性来看，资产运用业务主要从资金盈余者财富管理的角度，突出资金的保值增值，而资产流动化业务主要从资金需求者融资的角度，突出资金的筹集，如抵押贷款信托、银行贷款证券化信托等都是此类业务中的常见产品，一般来说，此类业务针对的是公司等机构客户，属于公司金融的范畴。

在"信托新政"的驱动下，围绕"拓宽受托管理业务，创新资产运用业务和转型资产流动化业务"的线索，2007 年信托产品创新在各业务领域取得了积极的进展。

一、受托管理业务领域的产品创新

受托管理业务与其他业务相比，信托公司作为受托人只需要按照信托契约，切实履行忠实谨慎义务即可，并不需要承担因投融资业务投资失败可能造成的信誉风险以及投资风险。在目前信托公司整体社会美誉度和投资能力有待提升的大背景下，受托管理业务具有风险较低的特征，有利于信托公司更好地发挥信托制度的优势，培育行业比较优势，树立良好市场形象。这一点在 2007 年证券投资信托产品的运作中充分体现出来。

证券投资信托的模式主要有以云南模式为代表的投资管理人和受托人重合的"二合一"方式（表3-2 和图3-5）以及分别以深圳模式（表3-3 和图3-6）和上海模式（表3-4 和图3-7）为代表的投资管理和受托人职能分离的"分散"方式。

表 3-2　　　　证券投资信托"二合一"方式下的云南模式

出现时间	2003 年 12 月
受托人	信托公司（云南国投）
投资管理人	信托公司（云南国投）
信誉风险承担	信托公司（云南国投）
产品模式	类似于公募基金，但在超过一定收益率后收取绩效费
代表产品	中国龙系列
特点	1. 自主开发、自主管理证券投资类信托产品的自主管理模式 2. 拥有核心专业投资团队覆盖产品设计、营销、投资管理、客户服务等各业务环节 3. 稳定的核心团队带来的风险管理、公司盈利能力以及信托公司品牌优势

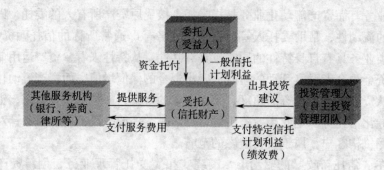

资料来源：云南国际信托投资有限公司。

图 3-5　云南模式产品交易结构示意图

表 3-3　　　　　　证券投资信托"分散"方式下的深圳模式

出现时间	2004 年 2 月
受托人	信托公司（如深圳国投①、平安信托②）
投资管理人	品牌投资经理（如赵丹阳或其他投资顾问公司）
信誉风险承担	品牌投资经理的个人信誉和投资顾问公司的公司信誉
产品模式	类似于公募基金，但在超过一定收益率后收取绩效费
代表产品	赤子之心
特点	1. 职能划分，相互制约，加强对信托财产的保护 2. 引入品牌投资经理，建立合理的绩效约束机制 3. 根据基金特征，对客户进行有效筛选

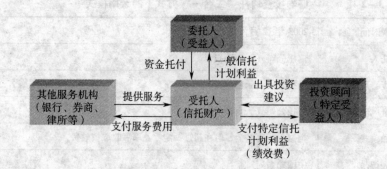

资料来源：深圳国际信托投资有限责任公司。

图 3-6　深圳模式产品交易结构示意图

---

① 全称为深圳国际信托投资有限责任公司。
② 全称为平安信托投资有限责任公司。

表3-4　　　　　　　　证券投资信托"分散"方式下的上海模式

出现时间	2003年12月
受托人	信托公司（如上海国投）
投资管理人	投资顾问公司
信誉风险承担	投资顾问公司
产品模式	结构化产品，采取"优先/一般"的法律结构，优先受益人和一般受益人配比加入信托计划
代表产品	蓝宝石
特点	1. 信托公司作为受托人对一般受益权委托人私募基金进行监督和风险控制 2. 私募基金，充分发挥自身的专业投资能力，在信托契约规定的范围内进行投资管理 3. 借助优先/一般这一结构化的产品设计安排以及信托计划最低净值平仓制度，使得优先受益人、一般受益人（投资管理人）以及受托人三者的利益实现了一致，并使风险在三者间得到了合理的分配

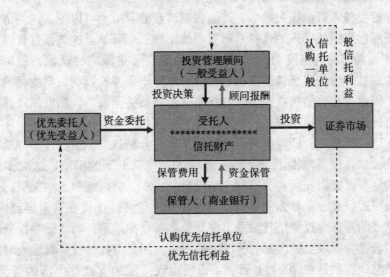

资料来源：上海国际信托投资有限公司。

图3-7　上海模式产品交易结构示意图

　　三种模式的证券投资信托产品各有特点，在2007年都获得了较好的发展。云南模式下证券投资信托产品的代表为中国龙资本市场集合资金信托计划。截至2007年年末，中国龙系列产品已达14个，管理资产规模近15亿元。根据国金证券基金研究中心 2008 年 1 月 18 日公布的 2007 年阳光化私募产品业绩排名，云南国投的"中国龙"以年度收益率 171.61% 排名居前。云南模式最大的特点就是受托人自己负责投资管理，有利于提高决策效率，降低了信托经理与投资顾问可能在投资运作中的理念冲突，同时信托公司也可以最大限度地分享投资的超额收益。这一模式对信托公司的投资能力有极高的要求，一旦投资失败，可能危及信托公司的信誉，在目前信托公司总体投资能力不足，市场风险加大的背景下，只有个别公司采取了这种方式，而绝大部分公司采取了"分散"方式。

在"分散"方式下，证券市场的投资风险由履行投资管理人责任的投资顾问承担，信托公司只需按照信托契约忠实履行受托人职责即可，有利于规避市场风险，获取稳定的低风险收益，这一点在 2007 年多次市场的大幅波动中充分体现出来，并导致深圳国际信托模式更受市场的欢迎。上海模式与深圳模式最大的不同在于前者设置了优先/一般的信托受益结构，实际上提高了一般受益人的市场风险暴露的杠杆程度，在市场单边上涨的背景下，这种模式迎合了投资管理人（通常也是一般受益人）利用高杠杆追求高收益的需求，一度得到了较好的发展，但是自从 2007 年"5·30"市场出现大幅下跌，此类信托产品的高风险充分暴露，个别产品甚至刚成立就不得不面临一般受益人资金损失殆尽、产品强制清盘的窘境。可以说，这种情况对整个证券投资信托模式的选择具有重要的影响，私募基金这类投资管理人对 2007 年证券市场的高波动性带来的市场风险有了更深刻的认识，利用信托产品的高杠杆性快速赚钱的投机思想逐步让步于理性投资、长期生存的稳健理念，因此，相关的信托产品的杠杆率逐步降低甚至取消，深圳模式逐渐成为主流的证券投资信托模式。

在这一模式下，证券投资信托的运作类似公募基金，但在许多方面有其创新性，如在投资范围上，突破了公募基金"双十"的限制，这对于规模较小的证券投资信托而言，有利于节约研究成本，通过相对集中投资，分享价值投资的收益。私募体制下信托契约设计的灵活性优点在这里得到体现，但更重要的是证券投资信托激励机制与公募基金的差别鲜明。证券投资信托以绝对收益为提取业绩激励的标准，使得总体而言信托的投资管理人对风险比较敏感，特别是在 2007 年下半年市场出现一定的非理性上涨的情况下，大多数证券投资信托采取了规避风险的措施，降低了投资仓位，导致投资业绩较之公募基金出现了较大的差距。但这一做法并没有影响投资者的信心，相反，理性投资者对证券投资信托投资管理人基于受益人利益的谨慎态度给予了肯定。从 2008 年年初以来的市场大幅调整来看，证券投资信托的收益明显好于公募基金，为证券投资信托的进一步发展提供了契机，也为信托公司通过受托管理业务，向其他业务领域的拓展提供了机会。

二、资产运用业务领域的产品创新

依托于资产运用业务的信托产品，其创新的基本思路在于根据委托人的风险收益偏好，围绕信托产品的安全性、收益性和流动性，选择或开发出风险收益各不相同的投资产品系列，并从中选出与委托人（受益人）风险相匹配的信托产品进行资金运用，满足委托人特定的财富管理需求。资产运用业务是体现信托公司"代人理财"功能的核心竞争力。2007 年"信托新政"的实施，使得信托公司传统的资产运用业务受到极大的冲击。

信托贷款曾经是信托公司资金运用的主要方式，由于操作简便，收益风险状况比较清楚，而且固定收益较高，比较受低风险偏好的中小投资者青睐。随着新法规的实施，贷款的运用方式有了 30% 的规模限制，而且集合资金信托中合格投资者的引入，使得投资者的结构发生了变化。由于抗风险能力提高，投资者对高风险、高收益产品的需求增加，对信托公司的投资能力提出了更高的要求。

为了应对这一变化，信托公司主要从以下两个方面加大创新，实现资产运用业务的转型。

（一）渠道创新，解决传统产品与投资者能力的匹配问题

集合资金信托中合格投资者的引入，使信托公司传统的产品开发和销售对象发生了很大的变化，不可避免地对信托公司现有的业务模式形成了冲击，但信托公司通过与银行合作，借助单一信托的方式解决了这一问题。渠道创新有利于信托公司继续借助原有的资源储备逐步实现向新的投资领域的转化，而且中低风险产品的开发本身也有其内在的需求，有利于信托公司在这一领域进行深度开发。自 2007 年新的政策实施以来，银信合作推出的"打新股"信托日益普遍，充分说明了这一点。

银信合作"打新股"信托产品的运作如图 3－8 所示：步骤 1，由银行向其理财客户发行挂钩信托产品的理财产品；步骤 2，银行代理财客户作为合格投资者购买信托公司开发的与理财产品相匹配的单一资金信托计划；步骤 3，银行理财客户成为信托产品的一般受益人；步骤 4，信托公司作为受托人参与新股申购投资；步骤 5，在这一运作模式下，信托产品对应的资金及信托财产由银行托管；步骤 6，信托公司作为受托人为银行提供投资渠道及理财咨询；步骤 7，商业银行作为委托人向信托公司提供资金，并发出委托指令。

银信合作无论对商业银行还是信托公司而言，都具有重要的意义，实现了双方的优势互补：对信托公司而言，合作降低了参与信托投资的门槛，扩大了投资的资金规模。银行理财计划没有份数限制且门槛较低，通过银行的理财计划，普通投资者可以更深层次地参与分享信托收益。同时银信合作突破了信托计划中合格投资者的限制，信托本身的高门槛通过银行理财计划实

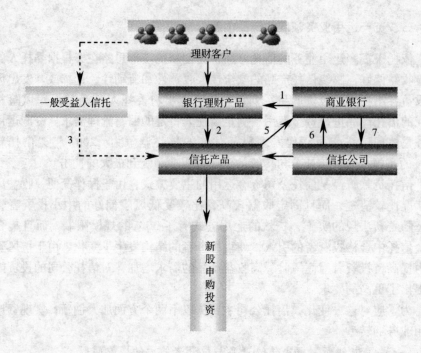

图3-8　银信合作"打新股"信托产品运作示意图

现跨越，募资规模得以扩大。另外，信托产品借助银行信用，提升了产品的可接受性。客户直接面对银行，信任银行基于专业判断挑选的信托产品，有利于信托公司降低营销成本，把精力重点集中在产品开发和信托财产管理方面，提高专业化经营的效率。而对于银行而言，借助信托公司提供的多元化的理财产品，作为"金融超市"向客户提供各类金融产品，实现自身盈利模式由存贷款向中间业务的转型。

应该说，银信合作在"打新股"产品方面取得了不错的业绩，而信托公司的优势也在这一过程中得到充分体现。最初，"打新股"信托主要集中在新股的网下配售领域，这主要受益于信托公司作为参与新股询价的机构投资者，能够参与新股网下配售。较之于网上向不特定多数的投资者配售而言，网下配售主要面向具有新股询价资格的机构投资者，这无疑有利于"打新股"信托的投资者分享一、二级市场的高价差收益。作为一项制度套利的机制，从2007年2月起，先后有上海国投、中信信托、云南国投等多家信托公司开发的与银行理财产品挂钩的"打新股"信托参与了新股网下配售，获得了较高的收益，并引发了大量银行理财资金开始借道信托进入一级市场。对于这种明显的套利行为，2007年6月，证监会联合银监会叫停了所有开展网下申购新股的信托产品的发行。上百亿元"打新股"信托计划被迫搁浅或者转道收益率相对较低的网上申购通道。受此影响，规模巨大的与"打新股"信托计划挂钩的银行人民币理财也被迫调整其预期收益率。

尽管收益率有所降低，银信合作的"打新股"理财产品仍然大量推出，究其原因，股票市场一、二级市场的无风险收益使得新股申购的风险相比其他投资要小很多，同时收益稳健。据测算，假设 2007 年全年持续打新股，年化最低网上申购收益仍能达到 8.49%，远远超过 1 年期定期存款利息，也高于 CPI 的涨幅。另外，依托"打新股"信托的低风险特点，银信两家又在原有运作模式上进行了进一步创新，强化理财产品的流动性，如交通银行与华宝信托合作推出的"得利宝·天蓝——新股随心打"理财产品就是其中有代表性的创新产品。

案例："得利宝·天蓝——新股随心打"

"得利宝·天蓝——新股随心打"由一系列新股申购信托计划组成，客户只需办理指定签约手续即可自动参与交通银行随后成立的各期新股申购信托计划。以每一个新股申购信托计划为单位，申购完毕，资金自动回到储蓄卡中，一旦有新股申购则自动参与申购。这一产品并不像其他"打新股"产品有半年或一年固定期限，投资周期取决于新股申购和上市的时间，通常较短，既可满足客户的短期投资需求，又可满足长期投资需求，使得客户较小投入即有机会获得丰厚的稳定收益，高流动性和低参与成本是该产品的最大特点。

（二）投资领域创新，满足客户高风险、高收益的需求

渠道创新只是解决了信托公司目前的生存问题，而投资能力则是信托公司未来发展的核心竞争力。投资者结构的变化迫使信托公司必须充分发挥自身多元化投资渠道的优势，在新的领域为投资者追求高收益。私人股权投资信托的陆续推出，可以看做是信托公司适应这一变化的重大产品创新。

所谓私人股权投资是指以非上市的私人公司为投资目标，通过购买优质且具发展潜力的公司股权，帮助其持续发展，并通过股权转让或上市等方式出售股权获取利润的投资方式。这类投资具有高风险、高收益的特征，对投资者在资金筹集、产业判断等各方面的能力都有较高的要求。凯雷、高盛等国际私人股权投资机构在国内成功投资所带来的财富效应使得此类投资逐步被具有一定资金实力和风险承担能力的投资者所关注。面对市场巨大的潜在需求，信托公司通过产品创新，尝试推出了私人股权投资信托来满足市场的需求。

具体来看，私人股权投资信托主要采取两种形式：一是单纯的"融资"类私人股权投资。在此形式下，信托公司与投资管理管理公司依照专业化进行分工。前者负责信托资金的募集与清算、信托财产的监管；后者负责寻找投资项目、融资企业管理与变现退出，如湖南省信托投资有限责任公司联合深圳达晨创业投资有限公司推出的"达晨创业投资一号"就采用了此形式。二是"融资＋管理"类私人股权投资，信托公司不仅负责信托资金募集，而且还从事具体的投资管理工作。信托公司通过信托执行经理制向融资企业

委派高管以对融资企业进行直接管理，并参与融资企业经营决策，如深圳国投的"铸金资本一号"。

目前，私人股权投资信托仍处于探索阶段，由于业务具有资本运作、产业发展和企业管理等多方面的属性，对投资管理人的业务素质要求极高，因此，在业务初创期，受制于投资管理人的能力，可能并不适合完全照搬国外的运作模式，而应由信托公司根据自身的比较优势，结合市场的发育程度选择合适的投资领域以满足特定客户高风险、高收益的需求。在这方面，中信信托推出的"中信锦绣1号股权投资基金信托计划"可以看做是一个有益的尝试。

案例："中信锦绣1号股权投资基金信托计划"

"中信锦绣1号股权投资基金信托计划"为集合资金信托，总额10.03亿元，委托人由7个机构和7个自然人组成，并对受益人进行分层。其中优先受益权9.53亿元，次级受益权0.5亿元，次级受益权由中信信托认购。优先受益权预期收益率高达20%。募集资金用于中国金融领域企业的股权投资、IPO配售和定向增发项目，未投资的资金可用于银行存款、货币市场基金、新股申购和债券逆回购。

该产品的创新主要体现在以下几个方面：

一是投资领域明确。该产品主要通过一级/一级半市场实现对金融机构股权的投资收益，包括未上市金融机构的IPO战略配售和已上市金融机构的定向增发。这与一般证券投资信托在二级市场获取价差收益形成了鲜明的差别，同时又不同于通常意义上的私人股权投资，因为中信信托在其中只是一个财务投资者，并不参与所投资公司的经营管理。

二是客户定位清晰。该产品面对风险承担能力较强的合格投资者，认购金额不低于1 000万元，超过部分按照100万元的整数倍增加，认购金额的高门槛体现了这一投资的私募特性。

三是参与利润分成。该产品设立了优先/次级的受益权结构，中信信托作为受托人兼投资管理人，以部分自有资金认购了该计划的次级受益权，在为优先受益人提供有限度的信用增强的同时，参与了投资收益的分成，保证了各方利益的一致。

四是设置封闭期。根据计划投资的长期性特征，该产品设置了5年的封闭期。在此期间从第3年开始每年设置一次转让期，但转让费高达受益权累计收益的30%，鼓励客户坚持长期持有，避免资金赎回对投资活动不必要的冲击。

三、资产流动化业务领域的产品创新

（一）银信合作融资类信托产品创新

资产流动化业务具有融资的性质，特别是在过去主要服务于信托公司自

身和关联方。新的管理办法对关联交易加以限制，并禁止信托公司参与实业投资，对此类业务影响极大。在这种情况下，压缩此类融资业务无疑是信托公司最直接的选择，但2007年宏观调控对银行信贷规模的控制，却为此类产品提供了生存的空间。

2007年宏观经济呈现固定资产投资过快、经济增长偏热的趋势，为了防止经济由偏热向过热转化，有关部门加强了宏观调控，特别是对银行贷款规模实现了某种程度的额度控制。在这种情况下，银行面临着有钱贷不出去的窘境，一方面盈利能力可能受到影响，另一方面也可能造成客户的流失。为此，银行通过与信托公司的合作在一定程度上规避了相应的贷款额度限制。

银信合作的融资类信托主要采取两种模式：一是增量贷款合作模式；二是存量贷款合作模式。

1. 增量贷款合作模式

增量贷款合作模式主要由信托公司代替银行向特定客户提供新增的融资服务。具体流程如图3-9所示：步骤1，银行向理财客户发行与信托产品挂钩的理财产品；步骤2，银行代理客户以合格投资者的身份投资信托公司发行的单一信托产品；步骤3，信托公司以委托人（银行）认可的方式向特定客户提供融资；步骤4，在整个过程中，银行负责对信托资金进行保管，并对资金运用进行监督。

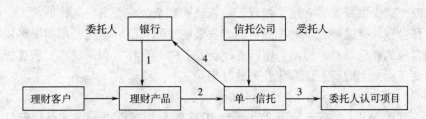

图3-9　银信合作增量贷款融资模式示意图

在这一模式下，融资的风险由银行理财客户承担，并通过信托公司提供融资服务，因此该笔融资并不计入银行的贷款规模。通过这种方式，银行一方面绕过了贷款规模限制，实现了对银行客户的融资，维系了客户关系；另一方面实现了盈利来源的结构调整，由贷款收入向财务顾问费和托管收入等中间业务收入转移；而对于信托公司而言，此类业务主要依托银行的客户和渠道，可以获得稳定的收益，在"信托新政"下有利于缓解业务转型的压力，保证经营的平稳。

2. 存量贷款合作模式

存量贷款合作模式主要由信托公司帮助银行转移存量贷款，通过释放相应的贷款规模指标来帮助银行客户融资。具体流程如图3-10所示：步骤

1，银行向理财客户发行与信托产品挂钩的理财产品；步骤2，银行代理客户以合格投资者的身份投资信托公司发行的单一信托产品；步骤3，信托公司以信托财产购买银行存量贷款资产；步骤4，在整个过程中，银行负责对信托资金运用进行保管，并对资金运用进行监督。

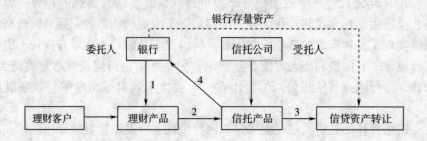

图3-10　银信合作存量贷款融资模式示意图

在这一模式下，银行通过资产结构的调整，获得了新的贷款规模，间接满足了客户的融资需要，而且通过这种方式为自身的理财客户提供了理财产品，有利于稳定储蓄存款，获得其他中间业务收入；而对于信托公司，除了获得银行的支持，获得稳定的收入以外，可以为日后介入对应银行的资产证券化业务提供契机（这类业务与资产证券化业务非常相似）。

在当前贷款额度限制的背景下，银行借助信托类理财产品，利用信托途径向企业提供贷款，满足了银行、信托公司和企业三类市场主体的需求，但这种合作具有逃避政策调控的目的，发展的空间有限，信托公司需要尽快实现自身的业务调整，借助与银行在此类业务中的合作，积累资源，积极探索向真正意义上的资产证券化业务的转型。

（二）资产证券化信托产品创新

真正意义上的资产证券化产品自2005年开始试点以来，试点银行只有建设银行和国家开发银行，参与的信托公司也只有中诚信托和中信信托，业界一直对此颇有微词。随着试点工作扩大以及银行对这一产品的重要性日益达成共识，2007年这种局面有所改变，新的银行不断参与试点，信托公司的数量也有所增加。在住房抵押贷款资产证券化试点规模进一步扩大的同时，汽车消费贷款证券化业务也出现了第一单，标志着信托公司参与创新业务的空间进一步扩大，资产证券化业务的广阔市场前景初显（表3-5）。

表3-5　　　　　　2005年以来资产证券化产品发行一览表

债券简称	发行时间	发起人	发行人	类型	金额（亿元）	特　　点
开元2005	2005-12	国家开发银行	中诚信托	ABS	41.77	首家ABS试点

续表

债券简称	发行时间	发起人	发行人	类型	金额（亿元）	特　　点
建元 2005 – 1	2005 – 12	建设银行	中信信托	MBS	29.26	首家 MBS 试点
开元 2006	2006 – 04	国家开发银行	中诚信托	ABS	57.30	资产证券化业务进入实质运作阶段
东元 2006 – 1	2006 – 12	东方资产管理公司	中诚信托	ABS	7	首批不良资产证券化产品
信元 2006 – 1	2006 – 12	信达资产管理公司	中诚信托	ABS	30	首批不良资产证券化产品
开元 2007	2007 – 06	国家开发银行	平安信托	ABS	80.09	
浦发 2007	2007 – 09	上海浦东发展银行	华宝信托	ABS	42.30	第二批信贷支持证券序幕拉开
2007 工元一期	2007 – 10	工商银行	华宝信托	ABS	40.21	
2007 兴元一期	2007 – 12	兴业银行	外贸信托[①]	ABS	5.24	
建元 2007 – 1	2007 – 12	建设银行	中信信托	MBS	40.21	
通元 2008	2008 – 01	上汽通用[②]	华宝信托	ABS	19.93	首只消费贷款类 ABS
建元 2008 – 1	2008 – 01	建设银行	中诚信托	ABS	27.65	建设银行首只 ABS

　　2007 年资产证券化信托产品的创新主要体现在以下两类产品：一是以"工元一期"为代表的信贷资产支持证券（ABS）在证券结构方面的创新；二是以"通元一期"汽车抵押贷款支持证券为代表的 ABS 基础资产类别的创新。

　　1. "工元一期"的证券结构创新

　　"工元一期"属于企业贷款证券化（Collateralized Loan Obligation，CLO），由工商银行将其符合信托合同约定的对公信贷资产 40.21 亿元作为基础资产，采用特殊目的信托载体机制，由华宝信托设立信托。华宝信托以受托的基础资产为支持在全国银行间债券市场发行优先 A 档（包括优先 A1档和优先 A2 档）、优先 B 档和高收益档资产支持证券，投资者通过购买并持有该资产支持证券取得本信托项下相应的信托受益权（图 3 – 11）。

---

①　全称为中国对外经济贸易信托投资有限公司。
②　全称为上海汽车金融有限责任公司。

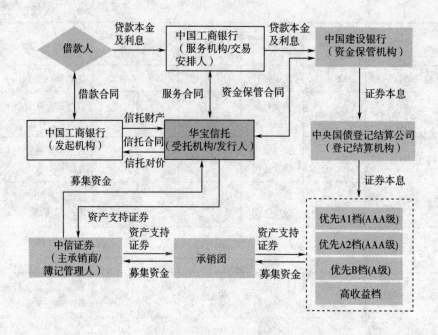

图3-11　"工元一期"资产支持证券的交易安排

优先 A1 档和 A2 档的创设是该产品最大的创新。通过将同一信用级别（AAA 级）的资产证券按照不同的期限和不同的利率结构细分为 A1 和 A2 两个档次后，利用 A2 档作为保护档证券，来吸收潜在的早偿风险，保证 A1 档证券能够在预期一定范围内获得稳定的按季还本的本金偿还方式，以增强对投资者的吸引力。这是国内资产证券化实践中，首次采用固定还本和过手型相结合的证券结构设计。之前，国内 ABS 的交易结构主要采取过手型还款方式，而固定还本方式尚不多见。过手型还款方式最大的问题是如果出现贷款提前偿还的情况，现金流的数量就很难估计，这样导致每一期的收益都是不确定的，投资者很难将其定价，增加了在二级市场将产品转手卖给其他投资者的难度，在一定程度上造成了现有 ABS 产品在二级市场上流动性较差。通过设置保护档证券 A2，在一定早偿风险内，被保护的 A1 档能够获得稳定的本金偿还，加之该档证券被设计为固定利率计息的方式（4.66%），使得投资者可以较为准确地测算每一期的本金和收益，容易在二级市场定价和交易，满足了特定投资者对 ABS 流动性的需要。对于 A2 档的投资者而言，因承担早偿风险，获得了较高利率补偿，为一年期定期存款利率 +65bp，满足了部分具有高风险偏好的投资者。因为在现有市场普遍通胀预期下，利率上升的可能性远大于下降的可能，而早偿风险通常与利率变化有关，如果利率上升，导致未出现预期的早偿风险，投资者就可以稳定地获得预期时间内的高收益（基准利率是浮动的，收益主要体现在同一信用级别下可以获得的较高基差）。这一交易结构在后续的兴业银行的"兴元一期"ABS中也得到运用，反映出这一证券结构创新受到了市场的欢迎。

2. "通元一期"个人汽车抵押贷款证券化信托产品

"通元一期"是由上汽通用将其符合信托合同约定的19.93亿元的个人汽车抵押贷款作为基础资产，采用特殊目的信托载体机制，由华宝信托设立信托。华宝信托以受托的基础资产为支持在全国银行间债券市场发行A级资产支持证券（AAA级）和B级资产支持证券（A级），同时向发起机构上汽通用定向发行次级资产支持证券（图3－12）。

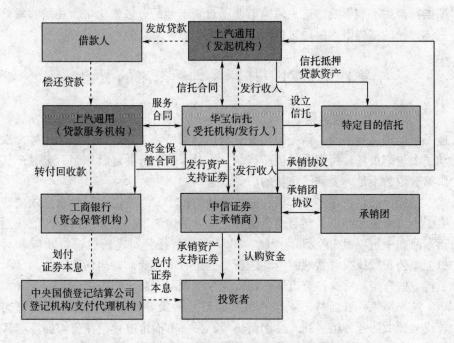

图3－12 "通元一期"资产支持证券的交易安排

该产品与其他ABS最大的不同在于实现了基础资产类型的拓展，为扩大资产证券化的运用范围开辟了新的途径。作为一类新的资产类型，个人汽车抵押贷款的未来现金流特征并不完全等同于个人住房抵押贷款，使得投资者面临的风险类型和同一风险类型的严重程度各不相同，需要在证券设计中予以识别和区分，并有针对性地设计相应的证券结构。

以早偿风险为例，汽车抵押贷款尽管也面临早偿风险，但风险程度远低于住房抵押贷款，原因有二：一是汽车作为抵押物其价值下跌的速度很快，贷款人缺乏足够的动机向借款人提供有竞争力的再融资利率去替换现有的汽车贷款；二是对于汽车抵押贷款的借款人而言，汽车贷款的期限太短，且金额也不是特别大，即使有优惠的再融资利率对每个月偿还金额影响也不大，所以早偿动机并不强烈。因此，个人汽车抵押贷款的早偿风险对投资者影响并不突出，在"通元一期"的证券结构设计中并没有引入类似"工元一期"

的结构，而将主要的风险集中于信用风险，通过设置优先级／次级结构来保证 A 级资产支持证券的利息和本金的偿付。优先级／次级结构分层设计，使 A 级资产支持证券获得 B 级资产支持证券和次级资产支持证券 16.42% 信用支撑，B 级资产支持证券获得次级资产支持证券 4.62% 信用支撑，通过证券结构分层设计起到一定的内部信用增级作用。但同时，汽车抵押贷款也面临特殊的风险：由于汽车抵押贷款的抵押物均来自同一汽车制造商——上海汽车有限公司生产或销售的汽车，集中度较高，如果该汽车制造商在未来由于汽车质量问题召回车辆或出现其他问题，则可能直接对汽车抵押贷款的按期偿付产生不利影响。这一风险需要通过资产池的分散来化解，在目前发行主体单一的格局下，需通过创新逐步解决。

第四节　对信托产品创新未来的展望

"信托新政"的实施顺应了当前市场环境的变化，为信托公司的发展创造了新的契机和空间，信托公司充分利用自身横跨多个市场领域的优势，推动了大量跨市场、跨行业的创新产品，弥补了现有分业经营体制下金融产品供给有限的不足，受到了市场的广泛欢迎。

信托产品创新在多个市场和业务领域的扩张，对特定市场和业务领域产生了不可避免的冲击，在目前金融分业监管的体制下，部分跨行业的信托创新产品在一定程度上受到了抑制。2007 年，信托公司在新股询价领域和对拟上市公司股权投资领域的产品创新受到了有关行业监管当局的限制，显示了行业监管当局对这类跨市场、跨行业金融创新产品风险的担心。

这一结果一方面打击了在"信托新政"政策激励下信托公司在具有比较优势领域的业务拓展和产品创新热情，另一方面也迫使信托公司加强与其他金融机构特别是银行的合作，以弥补"信托新政"给信托传统业务开展造成的约束和限制。在这一过程中，银信合作可能会成为信托产品创新的主线，毕竟两个行业同属一个监管部门，目前银信合作从业务合作进一步向股权合作的趋势日益明显，为后续信托产品的进一步创新提供了契机和想象空间。在这一背景下，未来信托产品创新的领域可能集中在如下领域：

一是服务于银行高端客户的信托产品创新。随着银行综合化经营试点工作的进一步推进，银行已通过设立基金管理公司有了公募理财的平台，而依托信托公司则可以构建私募理财的平台，为银行的高端客户提供理财产品，类似私人股权投资产品以及挂钩各类高收益高风险投资领域的信托产品将成为创新的重点。由于产品定位于合格投资者，投资者素质的提高有利于某些交易结构较为复杂产品的推广，从而促进信托产品创新层次的提高。

二是服务于银行资产结构调整的资产证券化信托产品创新。2007 年宏观经济政策和市场环境的变化，使得商业银行逐步认识到调整自身资产结构、合理分散风险的重要性，除了银行参与资产证券化试点的积极性有所提高以外，银信在资产流动化领域的融资合作也日益广泛，对相应的创新产品提出了需要。下一步银信合作的创新将体现在拓展资产证券化的基础资产、构建新的证券结构满足投资者规避特定风险的需求方面；另外，在利用信托平台、拓展资产证券化投资者范围、提高市场流动性方面，信托创新产品的作用也将充分体现。

第四章 2007年银行业产品创新报告[①]

□朱堰徽[②] 郭梅军[③] 王佳佳[④]

第一节 银行业整体发展情况概览

2007年，在宏观调控力度加强、股改上市提速以及对外开放进一步深化的情况下，我国商业银行总资产、总负债规模稳步增加，存款稳步增长，贷款适度扩张，资产质量、内控能力和抗风险能力大幅提高。

一、总资产、总负债规模稳步增加，同比增速逐季下降，但第四季度略有回升

2007年，中国银行业的总资产、总负债规模稳步增加。各季度末银行业本外币资产总额依次为45.93万亿元、48.51万亿元、50.62万亿元和52.6万亿元，分别较上年同期增长17.2%、18.5%、20.3%和19.7%；各季度末银行业本外币负债总额依次为43.55万亿元、45.95万亿元、47.84万亿元和49.57万亿元，分别较上年同期增长16.3%、17.7%、19.4%和18.8%（图4-1）。

从资产规模看，几种类型的银行业机构在整体银行业中的市场占比延续了近几年的变化趋势。国有商业银行资产规模仍占据半壁江山，但市场占比逐年下降，股份制商业银行与城市商业银行市场占比不断上升。2007年年末，银行业金融机构境内本外币资产总额达到52.6万亿元。其中，国有商

---

① 感谢中国人民银行孟辉、中国农业银行鲁蔚的中肯建议。

② 武汉大学经济学博士，现任职于中国农业银行，E-mail：zhuyanhui@abchina.com。

③ 中国社会科学院经济学博士，现任职于中国建设银行，E-mail：guomeijun@yahoo.com.cn。

④ 中国社会科学院经济学博士，现任职于中国工商银行，E-mail：wangjiajia78@sohu.com。

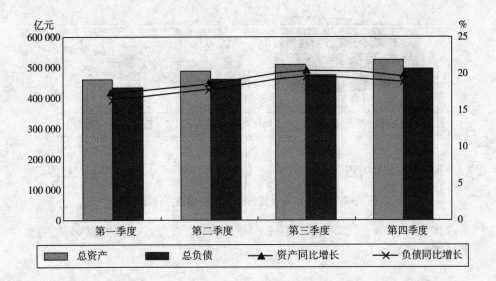

注：银行业金融机构包括政策性银行、国有商业银行、股份制商业银行、城市商业银行、农村商业银行、农村合作银行、城市信用社、农村信用社、邮政储蓄银行、外资银行和非银行金融机构。

资料来源：银监会网站。

图 4－1　2007 年银行业金融机构资产负债变动概览

业银行①的资产总额为 28.01 万亿元，市场占比为 53.2%；股份制商业银行②资产总额为 7.25 万亿元，市场占比为 13.8%；城市商业银行资产总额为 3.34 万亿元，市场占比由 2006 年的 5.9% 上升为 6.4%；其他类金融机构③资产总额为 14 万亿元，市场占比为 26.6%，与 2006 年年末市场份额持平（图 4－2）。

从不同机构的负债规模看，2007 年年底，银行业金融机构境内本外币负债总额为 49.57 万亿元。其中，国有商业银行负债总额为 26.43 万亿元，市场占比为 53.3%；股份制商业银行负债总额为 6.91 万亿元，市场占比为 13.9%；城市商业银行负债总额为 3.15 万亿元，市场占比由 2006 年的 5.9% 上升为 6.4%；其他类金融机构负债总额为 13.07 万亿元，市

① 本章中的国有商业银行包括中国工商银行、中国农业银行、中国银行、中国建设银行和交通银行。

② 本章中的股份制商业银行包括中信银行、光大银行、华夏银行、广东发展银行、深圳发展银行、招商银行、上海浦东发展银行、兴业银行、民生银行、恒丰银行、浙商银行、渤海银行。

③ 本章中的其他类金融机构包括政策性银行、农村商业银行、农村合作银行、外资金融机构、城市信用社、农村信用社、企业集团财务公司、信托投资公司、金融租赁公司、汽车金融公司、货币经纪公司和邮政储蓄银行。

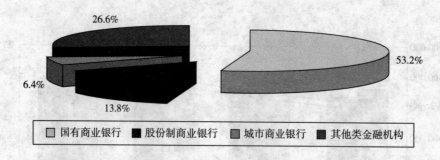

26.6%

6.4%

13.8%

53.2%

□ 国有商业银行　■ 股份制商业银行　■ 城市商业银行　■ 其他类金融机构

资料来源：银监会网站。

图 4 - 2　2007 年各类银行业金融机构资产占比概览

场占比为 26.4%，比 2006 年年底下降了 0.2 个百分点，回到 2005 年的水平（图 4 - 3）。

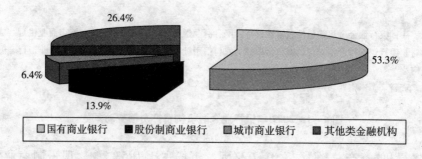

26.4%

6.4%

13.9%

53.3%

□ 国有商业银行　■ 股份制商业银行　■ 城市商业银行　■ 其他类金融机构

资料来源：银监会网站。

图 4 - 3　2007 年各类银行业金融机构负债占比概览

从不同机构的规模增速看，股份制商业银行继续保持资产负债快速增长的态势，资产规模同比增速达 33.2%，负债规模同比增速达 31.5%，增长速度超过了 2006 年增速最快的城市商业银行的 27.4% 和 26.5%。城市商业银行的资产负债规模的增速尽管没有保持 2006 年第一的位置，也超过了自身在 2006 年的增速，资产和负债规模的增速分别达到了 28.8% 和 27.5%，仅次于股份制商业银行的增长速度。由于竞争日益激烈和自身基数庞大的缘故，国有商业银行资产负债同比增速依然排名最后，分别为 15.6% 和 15.5%（图 4 - 4）。

二、存款规模平稳增长，贷款规模扩张偏快

2007 年，银行业本外币存贷款规模继续保持较高水平，存款规模明显高于贷款规模，存贷差稳步攀升（图 4 - 5）。2007 年年末，银行业本外币各项存款余额 40.11 万亿元，比 2006 年年末增加 5.3 万亿元，同比增长

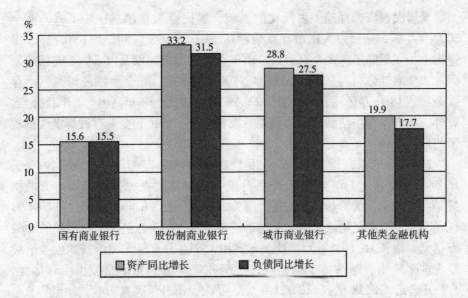

资料来源：银监会网站。

图 4 - 4 2007 年各类银行业机构资产负债同比增幅概览

15.22%，增速比上年下降 0.7 个百分点。其中，人民币各项存款余额
38.94 万亿元，比 2006 年年末增加 5.39 万亿元，同比增长 16.07%；受人
民币升值加速的影响，2007 年年末，外汇存款余额 1 599.04 亿美元，同比
减少 12.17 亿美元，下降 0.94%。

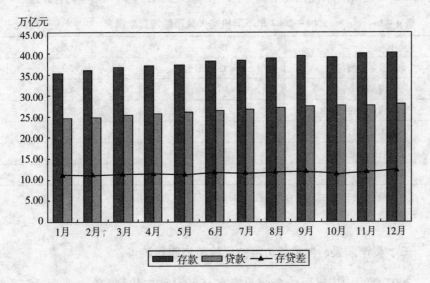

资料来源：中国人民银行网站。

图 4 - 5 2007 年银行业存贷款规模概览

受居民投资选择趋于多元化的影响，居民存款意愿进一步下降，截至2007年年末，居民户人民币存款余额达17.6万亿元，同比增长6.8%，增速比上一年下降了7.8个百分点。由于企业利润增加以及市场资金充裕等原因，非金融性公司存款则增加较多。2007年年末，非金融性公司人民币存款余额达18.9万亿元，同比增长22.4%，增速比上一年高出5.1个百分点。此外，与资本市场活跃、通胀预期升级相对应，居民和企业存款都继续呈现了活期化态势。

2007年年末，银行业本外币贷款余额27.77万亿元，同比增长16.56%，增速比上年高1.36个百分点。全年贷款投放呈现稳步上升的格局，一至四季度的贷款余额分别为25.28万亿元、26.49万亿元、27.44万亿元和27.77万亿元。其中，人民币贷款余额26.17万亿元，同比增加3.64万亿元，增长16.16%，增速比上年高出1个百分点。人民币贷款投放继续呈现前多后少、逐季减少的格局，一至四季度分别新增贷款1.4万亿元、1.1万亿元、8 178亿元和2 721亿元。受人民币升值因素影响，外汇贷款余额达2 198.03亿美元，同比增长533.97亿美元，增幅达32.1%，大大超过以前年度增幅。

从人民币贷款的部门投向上看，居民户贷款增速明显快于非金融性公司及其他部门贷款。2007年，居民户贷款增加1.2万亿元，余额同比增长30.4%，增速比上年高出9.3个百分点。居民户贷款中，消费性贷款比年初增加8 686亿元，其中80%以上是住房消费贷款。非金融性公司及其他部门贷款增加2.5万亿元，余额同比增长13.1%，增速比上一年降低0.8个百分点。

表4-1　　　　2006—2007年不同机构人民币新增贷款情况　　单位：亿元

	2007年	2006年
国有商业银行	13 055	12 199
股份制商业银行	7 716	7 358
城市商业银行	2 978	2 773
政策性银行	4 280	3 418
农村金融机构	5 085	4 246
外资金融机构	1 704	969

注：农村金融机构包括农村合作银行、农村商业银行、农村信用社。
资料来源：中国人民银行。

三、资产质量、内控能力与抗风险能力明显改善

2007年，中国银行业全行业资本充足率首次达到8%。截至第三季度末，我国商业银行中资本充足率达标的银行已有136家，比年初增加36家，达标银行资产占商业银行总资产的比重上升至78.9%。

2007 年，我国商业银行①的不良贷款比率继续保持了连续下降的趋势，较之 2004 年年底，商业银行的不良贷款率下降了一半以上，银行业资产质量得到较大提升。截至 2007 年年末，商业银行不良贷款余额为 12 684.2 亿元，不良率下降至 6.17%，较 2006 年年末下降了 0.92 个百分点。分机构类型看，由于 2007 年国有商业银行的统计口径增加了交通银行，不良贷款余额由 2006 年年末的 10 534.9 亿元上升为 11 149.5 亿元，但由于整体贷款基数的增大，因此不良率仍有较大幅度的下降，从 2006 年年末的 9.22% 下降至 8.05%；股份制商业银行的不良贷款余额为 860.4 亿元，不良率下降至 2.15%；城市商业银行、农村商业银行和外资银行的不良贷款余额分别为 511.5 亿元、130.6 亿元和 32.2 亿元，不良率分别下降为 3.04%、3.97% 和 0.46%。

第二节　银行业产品创新动因分析

2007 年是中国银行业改革和对外开放关键的一年。货币政策从"稳健"过渡为"从紧"，存款准备金率和利率频繁上调，短期外债管理政策也大幅度收紧，金融宏观调控效果进一步显现。国有商业银行股份制改革稳步推进，股份制商业银行和城市商业银行等中小银行上市融资进入新一轮浪潮，利率市场化进程加速，人民币汇率形成机制更为灵活。本节将从以下几个方面对影响银行业金融产品创新的因素进行分析。

一、银行产权改革与上市融资日渐完成

2007 年，银行业产权改革和上市融资在继 2006 年中国银行、工商银行两大"金融航母"的"大型银行上市年"之后，步入了中小银行上市年。在大型国有银行中，继 2005 年交通银行和建设银行成功引进境外投资者、先后在香港挂牌上市后，两家银行又先后于 2007 年 5 月和 9 月登陆 A 股市场，至此，大型国有商业银行中仅剩农业银行未完成上市融资。中小银行上市在 2007 年正式拉开了帷幕。2007 年 2 月，兴业银行领先在 A 股成功上市；在 2006 年 11 月引进了西班牙对外银行（BBVA）作为境外战略投资者之后，2007 年 4 月，中信银行 A + H 同步上市。除股份制商业银行外，城市商业银行中有三家也成功上市，其中，南京银行和宁波银行于 2007 年 7 月同时上市，北京银行于 9 月也在 A 股上市流通。2007 年年末，在 A 股市场上市银行已达 14 家，占市场权重近半壁江山。

不同类型银行的上市在为市场注入了充沛动力的同时，也为银行业利润

---

① 此处的商业银行包括国有商业银行、股份制商业银行、城市商业银行、农村商业银行和外资银行。

增长空间、经营模式的转型提出了内在的要求。来自股东和市场的压力迫使各上市银行寻求更好的盈利模式，而银行业产品创新在市场竞争日益激烈的外在压力下，也逐渐成为商业银行自发的内在要求。

二、金融脱媒的加剧进一步促进了商业银行业务转型和产品创新

随着股市融资功能进一步强化，企业债券市场、票据市场迅速发展，利率市场化改革已初见成效，我国直接融资市场已经进入了大发展的时代。伴随着直接融资市场的快速发展，金融脱媒将长期发展，这将对商业银行传统的以资产扩张和存贷款利差为主要利润来源的经营模式带来巨大的挑战。

金融脱媒的深化发展在负债和资产两方面对商业银行产生了较为深远的影响：一方面导致一部分长期沉淀在银行的资金转向收益率较高的资本市场，从而减少了银行的资金来源。长期资金来源的不断减少使得银行负债的短期化倾向加剧；另一方面，股权融资、企业债券和短期融资券共同"蚕食"银行贷款在整个融资市场上的份额，这将会对银行的贷款业务产生挤出效应，从而不利于银行资产业务的发展。

金融脱媒在加速商业银行资产、负债短期化和贷款长期化趋势，激化中长期贷款过多倚重短期资金来源带来的不匹配矛盾，加剧银行内部风险的同时，也给商业银行的业务转型带来前所未有的机遇。一方面，资本市场的发展使上市的优质大型企业减少了对银行的融资需求，因此迫使商业银行在服务大客户的同时必须积极发展中小客户和零售客户；另一方面，直接融资比重在资本市场的提高恰恰也构成商业银行大力发展中间业务的客观基础，因此，金融脱媒的发展恰恰也为商业银行提供了产品创新的外在的压力和客观基础，使其加速混业经营，通过发展理财、投资银行、财务顾问等中间业务来增加非利息收入。

三、美国次贷危机蔓延，美国经济放缓进一步影响我国货币政策操作空间

2007 年 4 月，随着美国第二大次级抵押贷款公司新世纪金融公司的破产，美国次级抵押贷款危机（以下简称次贷危机）浮出水面，之后，次贷危机迅速在美国乃至全球市场蔓延开来。据测算，在美国次贷危机中，中国的商业银行 2006 年投资于美元债务工具的比重约占总资产的 6%，假设银行有关债券按市值入账，亏损约在 5% 至 10%，中国 6 家上市银行总亏损额约为 49 亿元人民币，其中中国银行亏损额最大，约为 38.5 亿元。建设银行、工商银行、交通银行、招商银行及中信银行依次亏损 5.76 亿元、1.20 亿元、2.52 亿元、1.03 亿元、0.19 亿元人民币。

然而，次贷危机最大的潜在风险，并非是金融机构和资本市场的可衡量的损失，而是市场对经济增长放缓预期的加剧和蔓延，银行信贷紧缩政策的实施。美国政府为平抑美国经济衰退采取大幅降息政策，且支持美元走弱。

人民币面临比以往更强的升值压力，进出口企业将受到较大的影响，企业经营的困境将直接影响银行信贷资产的质量。同时，次贷危机可能会对我国银行业部分相关产品的创新产生一定的警示和启发作用。

四、国内利率市场化进程的加速将为相关金融产品创新提供基础性条件

2007 年 1 月 4 日，由全国银行间同业拆借中心发布的上海银行间同业拆放利率（Shibor）正式开始运行，中国基准利率雏形亮相。Shibor 的正式推出加速了我国利率市场化进程，也为中央银行货币政策转向价格型调控创造了条件，使中央银行的金融宏观调控措施能更精准有效，还有助于提高金融机构产品定价能力，并推动外汇储备管理体制和汇率形成机制的改进。从长远角度来看，Shibor 的推出和良性发展将为相关的金融产品创新和衍生工具的发展提供必要的基础性条件。

五、制度创新与政策引导成效显著

一是在宏观调控方面，货币政策完成了由"稳健"向"从紧"的转变，中央银行紧缩性货币政策出台的频率之高前所未有。2007 年以来，宏观经济保持了较快发展的势头，受食品、能源等结构性因素的影响，居民消费物价指数不断攀升，全年比上年上涨 4.8%，12 月上涨 6.5%，通货膨胀压力加大。为此，人民银行加大了公开市场操作力度，继 2006 年 3 次上调存款类金融机构存款准备金率之后，在 2007 年又先后 11 次上调商业银行存款准备金率（其中包括 1 次提高外汇存款准备金率 1 个百分点），上调存款准备金率之后，存款类金融机构人民币存款准备金率从年初的 9% 迅速攀升到年末的 14.5%，为 20 年来最高位（表 4-2）。高位的人民币存款准备金率对于抑制货币信贷过快增长发挥了积极作用。

表 4-2　　　　2007 年金融机构存款准备金率调整概况　　　　单位：%

次数	调整时间	调整前	调整后	调整幅度
10	2007 年 12 月 25 日	13.5	14.5	1
9	2007 年 11 月 26 日	13	13.5	0.5
8	2007 年 10 月 25 日	12.5	13	0.5
7	2007 年 9 月 25 日	12	12.5	0.5
6	2007 年 8 月 15 日	11.5	12	0.5
5	2007 年 6 月 5 日	11	11.5	0.5
4	2007 年 5 月 15 日	10.5	11	0.5
3	2007 年 4 月 16 日	10	10.5	0.5
2	2007 年 2 月 25 日	9.5	10	0.5
1	2007 年 1 月 15 日	9	9.5	0.5

资料来源：中国人民银行。

在国内物价水平存在上涨压力、国际环境趋于复杂的背景下，为引导公众通货膨胀预期，发挥价格杠杆的调控作用，人民银行先后6次上调金融机构人民币存贷款基准利率，经过利率调整，人民币一年期存款基准利率从年初的2.52%提高到年末的4.14%，一年期的贷款基准利率从年初的6.12%提高到年末的7.47%，其他各档次的存贷款基准利率也都做了相应的调整。人民币存贷款基准利率的上调有利于贯彻中央银行从紧的货币政策，有利于防止经济增长由偏快转为过热，防止物价由结构性上涨演变为明显的通货膨胀。伴随着信贷紧缩政策的着力推行，当局引导商业银行着力优化信贷结构，加强对重点领域和薄弱环节的金融支持，引导商业银行均衡、合理放款，优化信贷结构，合理控制基本建设贷款等中长期贷款，严格限制对高耗能、高污染企业的贷款，加大对农业、中小企业、自主创新、节能环保以及就业等方面的贷款支持力度；积极引导金融资源促进经济结构调整和区域协调发展。在整体可投放信贷规模不断紧缩的大前提下，各商业银行也着力从信贷结构优化、大力进行中间业务产品创新等方面主动进行经营模式的转型。

二是在外汇制度方面，人民币汇率形成机制改革进一步深化，人民币汇率弹性明显增强。2007年，汇率制度改革作为令人瞩目的一项改革得到了稳步推进。在巨额外汇储备的压力之下，一方面，当局进一步扩大了人民币汇率的弹性，中国人民银行于5月18日宣布，自5月21日起将银行间即期外汇市场人民币兑美元交易价日浮动幅度由千分之三扩大至千分之五；另一方面，延续了"藏汇于民、藏汇于企业"的思路，以更好地满足市场主体持有和使用外汇需要，将个人年度购汇总额从2万美元提高到5万美元，取消对境内机构经常项目外汇账户的限额管理，整合海关特殊监管区域外汇管理政策。此外，还继续有序拓宽资本流出入渠道并进一步丰富对外投资主体。年末宣布将QFII投资额度提高至300亿美元，进一步扩大QDII投资额度和领域。9月29日，中国投资公司正式成立，其接受财政部发债购汇的注资，用于境外投资，拓宽了我国多元化、多层次的外汇投资体系。汇率制度改革进一步深化增强了人民币汇率的弹性，更富有弹性的汇率也进一步加大了企业和居民的汇率风险，为银行业应对汇率风险的产品创新进一步提供了原动力和机会。

三是外汇管理当局着手严格实施短期外债管理。近年来，由于国际收支经常项目、资本项目持续保持双顺差，外汇储备持续较快增长，国际收支不平衡问题较为突出，资本大量流入的主要原因之一就是"其他投资"项下的外债特别是短期外债增长迅速。截至2006年年底，外债余额同比增长约14%，其中短期外债增长约16%，短期外债占全部外债余额的比例达到57%左右。为规范和控制金融机构借用短期外债，有效利用国内资金资源，外汇管理当局于2007年3月对金融机构的短期对外借款管理政策进行了调整，包括调整金融机构短期外债指标核定范围，核减金融机构短期外债余额指标，同时规范对外资银行分行转制为法人机构后其短期外债指标的核定和管理。截至 2008 年 3 月，国内银行的额度将控制在 2006 年的 30%，非金融机构和外资银行的额度将减少到 2006 年的 60%，同时，鼓励金融机构通过国内货币市场拆借、掉期等方式增加外汇资金来源。短期外债管理"从紧"政策的实施在很大程度上限制了境内金融机构相关外汇产品的发展，但同时也为境内金融机构相关替代产品的创新提供了外在的压力。

第三节　银行业产品创新状况与特点

从 2007 年经济金融发展可以看出，银行业正处于　个重要的转折期和发展期，金融体系的改革从推进市场基础设施建设、完善金融机构治理结构逐步转向各个子市场的充分建设和社会筹融资格局的优化。商业银行要实现自身的转型突破，必须动态进行创新能力建设，平衡好创新与发展的关系。随着 2007 年国内外金融市场动荡格局的逐渐形成、紧缩政策频繁出台，商业银行创新的迫切性进一步突出。而 2007 年以来《商业银行金融创新指引》的实施，银行间市场的逐步成熟，也在各方面极力推动银行业创新进入快车道。2007 年银行产品创新反映的是金融主体和金融环境在多重博弈下的必然结果，呈现出的特点仍将直接影响 2008 年的创新趋势。

一、理财产品成为创新的重要领域

事实上，理财产品从 2005 年以来一直就是银行产品创新的重大特色，这一特色在金融脱媒背景下的 2007 年表现得更为明显。继 2006 年高速增长之后，2007 年银行理财产品的发行数量呈现出爆发性增长。据统计，2007 年人民币产品发行了 1 302 只，外币产品发行了 1 760 只，全年发行规模估计超过 10 000 亿元。究其原因，主要有三点：一是证券市场的繁荣催醒了居民的理财意识；二是 CPI 不断创新高，"负利率"局面让巨额储蓄存款派生出理财需求；三是银监会出台了一系列银行理财政策，尤其在银行代客境外理财（QDII）方面，各项政策极大地推动了银行 QDII 飞速发展。数量扩张的背后是持续性创新的推动，2007 年银行理财产品创新特点突出表现为以下五点。

一是挂钩的基础资产更加复杂，基于信用产品（信贷、信用风险债券、违约事件等）和股票产品（境内外股票、股票组合、股票指数等）显著增加。2007 年人民币产品中，信用、股票类产品的数量分居第一位、第二位，两类产品的数量合计占到 57% 强。从人民币理财产品看，挂钩产品创新成为鲜明亮点，非保本浮动收益产品成为主流，高收益、高风险特征凸显。比如，工商银行4月推出了首款被称为"基金中的基金"的FOF产品。中信银行推出的一款两年期的"FOF"与"打新股"投资相结合的产品，预计收益可达35%。华夏银行9月推出挂钩"股神"巴菲特等4位全球投资大师管理的公司或基金的创新理财产品"慧盈4号"。光大银行10月率先推出了百万元门槛的私募基金理财产品等。从外币理财产品创新看，挂钩产品同样成为外汇理财产品的主要品种，其挂钩产品以利率挂钩（LIBOR）为主，其次是股票和信用挂钩产品（表4-3）。

表4-3　　　　　　　　2007年主要挂钩理财产品概览

投资方向或挂钩对象	期　限	预计收益率	特　征
股票、基金挂钩	1年、2年	10%~15%	挂钩一篮子股票或基金，根据股票或基金的实际收益情况计算收益率，一般上不封顶
利率挂钩	3个月、6个月（挂钩Hibor） 3个月、6个月（挂钩Libor） 3个月、6个月（挂钩Shibor）	3.83%~5.23% 3.4%~6.45% 2.6%~3.19%	挂钩利率有Hibor、Libor和Shibor，根据利率的实际波动情况计算收益率，如果利率变化在事先设定范围内，则收益率高，反之，则低
汇率挂钩	1个月、3个月和6个月	3%~8%	挂钩汇率主要为欧元兑美元、澳元兑美元、港元兑美元，根据汇率的波动情况计算收益率
信用挂钩	1年至2年	3.3%~5.22%	投资标的为信用主体，如果信用主体出现违约事件，收益率低，反之，则高
商品挂钩	6个月（挂钩黄金价格） 1年、2年（挂钩小麦、玉米、食糖价格） 6个月（挂钩CPI指数） 1年（挂钩二氧化碳排放额度期货价格）	0~7% 6%~17% 5.5% 7.8%~25%	挂钩对象有黄金、农产品价格、二氧化碳排放额度期货价格等，收益率一般较高

资料来源：各商业银行网站。

二是投资渠道日益多元化，购买信托计划，特别是"打新股"计划产品受市场追捧。在 2006 年，打新股产品只有区区 10 只左右，而在 2007 年，这类产品迅速膨胀到 150 只以上，占人民币股票产品的比重高达 47%。数目众多的打新股产品属于中国特色，它在本质上反映了我国新股发行制度的缺陷：询价制度流于形式导致"新股不败"、发行过程过度向机构投资者倾斜、以资金多少作为配售依据。这些缺陷使得积少成多，在一、二级市场之间获取超额收益的打新股产品深受欢迎。部分创新机制灵活的股份制商业银行已经开始联手其他金融机构，推出直接投资股票的理财产品，积极切入直接融资市场。如民生银行推出的非凡理财"金融成长、超值回报"产品，即主要投资于中国大金融领域（包括银行、保险、证券和参股金融等领域）上市公司股票的新型理财产品。打新股计划之所以通过信托形式运作，原因在于银行通过信托可以介入到境内股票一级市场和一级市场，而信托公司通过与银行合作可以获得原先难以企及的广大的销售网络。另外，投资企业融资的信托产品也为 2007 年的创新品种，资金一般投向为大额信贷项目，期限为 6～22 个月，预计收益率为 3%～5%。

三是在收益结构上，浮动收益产品继续保持高速增长势头。浮动收益产品成为市场主流的原因在于股市财富效应显现，同时又有通胀预期，投资者越来越看重理财产品的收益率。虽然非保本浮动收益产品的预计收益率较高，部分产品甚至标明收益率上不封顶，但由于可能损失本金，因此具有较高风险。在外币理财产品上，固定收益和保本浮动产品占据主体，体现了投资者的谨慎心态：一来投资者对外币理财产品运作方式不够熟悉，对外币理财产品的风险承受程度不如人民币理财产品；二来美元、日元、港元等外币相对人民币贬值使投资者风险意识提高。

四是产品流动性增强，部分理财产品类似基金，甚至某方面灵活度高于基金。从产品期限上看，人民币短期理财时间最短为 3 个月，外币理财最短委托投资时间已经缩短到 1 个月至 2 个月，其中 2 个月理财产品更是比比皆是。每月设开放日的理财产品已在 2007 年登上市场。光大银行 11 月中旬推出一款理财产品便是完全按照基金化方式运作，不仅加强了产品流动性，而且定期公布产品净值、披露投资组合等。同时，从部分"打新股"产品设计看，资金流动性也越来越强。以上海浦东发展银行"新股直通车"为例，客户可以利用新股发行间隙将闲置资金再作短期利用。

五是新兴行业理财品种作为创新重点。继 2007 年年初能源、贵金属等不可再生资源等成为外资金融机构率先投资的热点，且获得不菲的收益后，全球气候变暖蕴藏的商业机遇，制药业、保健服务业、高科技的电力行业以及绿色能源产业率先成为在华外资金融机构最新关注的热点。目前，这一主题已经成为具有前瞻性外资银行外币理财的最新创新。

二、传统对公业务更加突出产品线创新

对公业务创新方面，商业银行已经初步形成了以打造核心产品和塑造品牌为目标，从单一产品向系列产品转化的创新体系。这样一种产品线的创新特点在于对现有产品的归并、整合、完善和升级。这里主要有几种体现。

一是以客户为对象的产品线创新。比如各家银行针对中小企业服务产品推出的授信融资系列、理财增值系列、咨询服务系列、贸易融资系列、支付结算产品系列等。

二是以产业形式为对象的产品线创新。比如，在供应链融资业务方面推出的国内保理、票据置换、票据质押贷款、票据包买、厂商一票通、动产质押等系列产品。

三是以产品特征为对象的产品线创新。比如，国际结算产品线，中国银行2007年推出了"达"系列的贸易融资新产品，根据市场和客户需求，中国银行先后推出了"融信达"、"融易达"、"通易达"等一系列产品。

四是以经济区域为对象的产品线创新。比如，有针对滨海新区的系列产品创新，船舶融资、产业投资基金业务等。

三、海外并购呈现扩张态势

2007年以来，作为银行股权经营的新特色就是海外并购。工商银行收购南非标准银行，民生银行入股美国联合控股，等等。各大银行已充分意识到，做大做强的必经之路就是并购扩张。在符合监管政策导向的支持声中，这一创新也引来种种非议，海外并购是否过于冒险激进，是否有为收购而收购的嫌疑。矛盾最终都指向这样一个问题：国内银行为何要选择海外收购。一个比较合理的解释是：在资本充足、资金充裕、金融脱媒的背景下，银行内在有谋求新型投资渠道、加速经营转型的强烈渴求。

但这样的布局能否成功从目前看，至少取决于三个因素——时机、价格和对象。从时机上看，鉴于欧美银行业的发达成熟程度和较高并购门槛，国内银行更倾向于选择新兴市场国家。但考虑到目前全球新兴市场普遍大幅上涨的现实，时机把握更为关键。从价格上看，收购行为本身是一个谈判议价的过程，如果为保障收购成功而承担较高收购价格，则会存在高额收购能否实现经营业绩提升的隐忧。从对象上看，是收购股份还是收购资产，是试图获得控制权还是战略投资合作，是全部业务还是部分业务，是对被收购银行的市场还是对其管理经验更感兴趣等，都需要进行反复斟酌。

显然，暂时抛开一系列诸如文化、法律、政治的不确定因素，单纯考虑海外收购这一金融交易行为，国内银行仍有很长的路要走。但不管怎样，银行海外扩张的情形还会继续。一方面，表现特别强劲的股份制商业银行会在今后的资本扩张上加大手笔；另一方面，一些有野心的新的机构也会在并购

扩张上有所动作；而已经有海外并购项目的银行，则会从自身的纵深度上加以发展，在量上和质上同时寻求突破。

四、房贷产品推陈出新，升级换代

2007 年房贷市场竞争激烈，产品创新成为各家银行抢占房贷市场的主流方式。在 2007 年各银行所有新增个贷品种中，住房类贷款占 42%，成为各类贷款的主要发行品种。由于宏观调控造成商品房交易量下滑，市场弱势明显，为应对商品房交易量的下滑、争夺个人房贷市场这块宝地，各家银行绞尽脑汁进行产品创新，尤其到了下半年，个贷产品创新进入密集期，各种令人眼花缭乱的房贷产品陆续推出。房贷产品创新表现出以下特点：一是还款方式创新，比如上海浦东发展银行推出了万能还款方式的房贷产品，包含两个大类 6 种还贷方式，除了等额本息、等额本金、分期付息以及一次还本付息这些常见的方式外，还增加了本金等额递增、本金等额递减的方式；二是利息节省式创新，比如深圳发展银行的"气球贷"业务通过短的贷款期限和长的月供计算期相结合，在适用短的贷款期限对应利率的情况下，为客户节省贷款利息，从而大大减轻贷款初期的月供压力；三是创新主体以股份制商业银行为主，说明股份制商业银行在宏观调控背景下，争夺优质零售客户的压力更大，动力更足。

但总体来说，房贷产品创新数量和品种不如 2006 年显著，这与房贷金融政策调控和监管环境有关。2007 年商业银行主要房贷创新产品概况如表4 -4 所示。

表 4 -4　　　　　　　　2007 年商业银行主要房贷创新产品概览

产品名称	推出银行	主要特征
气球贷业务	深圳发展银行	其贷款利息和部分本金分期偿还，剩余本金到期一次偿还，满足了提前还贷客户"低月供、轻松还"的需求。"气球贷"的最大亮点是"短贷低供"，改变了传统房贷只能按照实际贷款期限对应的贷款利率计算月供的还款方式，通过短的贷款期限和长的月供计算期相结合，在适用短的贷款期限对应利率的情况下，为客户节省贷款利息，从而大大减轻贷款初期的月供压力。
房贷利率宝	兴业银行	采用履约保证金的形式购买"房贷利率宝"获取理财收益。即根据客户在兴业银行的按揭贷款金额购买一定数量的"房贷利率宝"，从而减少客户在个人住房贷款利息支出上的压力。"房贷利率宝"最高购买金额为客户按揭贷款金额的五倍，且不超过 500 万元，履约保证金率为 3%，期限为 10 年。

续表

产品名称	推出银行	主要特征
房贷还款假日计划	农业银行	该产品包括"轻松假日计划"和"完全假日计划"两种套餐，以方便购房人的资金周转。"轻松假日计划"，即借款人可以和农业银行约定一个假期，在这个假期内借款人只需按期支付贷款利息，而暂时不用归还贷款本金，等假期结束之后再按等额本息或等额本金还款方式归还贷款本息。而"完全假日计划"则是在一个约定的假期内（单次假期最长为12个月），借款人可以既不还贷款本金也不用还贷款利息，等假期结束之后再按期归还贷款本息，但是，借款人必须同时办理提前还款，也就是说在提前还一部分款后可以享受不还款的假期。
房贷万能还款方式	上海浦东发展银行	包含两个大类6种还贷方式，除了等额本息、等额本金、分期付息以及一次还本付息这些常见的方式外，还增加了本金等额递增、本金等额递减的方式。该业务的最大特点在于：新增了本金等额递增和本金等额递减还款方式，能使客户组合还款时，结合当前的经济实力、还款能力，将整个还款期间分为最多8个还款段，自主确定每段时间内的贷款金额、贷款期限和还款方式。
房贷随心还	光大银行	分为A、B、C、D四种新型还款方式。以随心还A产品为例，该产品期限为3年期、5年期两个档次，客户可将贷款期限分为两段，同时约定每个阶段的还本比例，在每段内采用按月等额方式还款，贷款利息按照贷款本金实际占用时间计收。客户在体验本还款方式特有的低贷款利率、低月供的同时，满足省息和提前还款的需求。此外，在贷款到期前，光大银行还为信用好、还款能力正常的随心还A客户提供了继续融资服务。
按揭开放账户	民生银行	该产品的最大特点在于以三个"开放"实现最大便利——开放的存、贷合一账户，将投资者的存款、贷款账户合二为一，实现了资金的自由流动，最大限度地降低了资金的使用成本；开放的融资账户，使贷款可以循环使用，贷款归还后可用贷款额度能自动恢复；开放的扩展账户，可以涵盖汇兑、结算、贵宾服务等多种功能及服务，实现融资和理财的完美结合。

资料来源：各商业银行网站。

五、涉农金融产品研发愈演愈烈

之所以要在 2007 年银行创新中提到涉农产品，不仅与 2008 年以来国家和各地政府连续出台支农惠农政策有关，也与 2007 年农村地区主体需求的显著变化密不可分。这些变化主要表现在：农业产业化企业集团持续快速发展，规模化融资需求和一揽子综合金融服务要求强烈；小企业数量和规模不断扩大，金融服务需求呈现出集群化、跨区域化、多元化特征；县乡政府在财政管理体制改革、教育医疗体制改革过程中，加大对账户统一管理、资金便捷调配等金融服务的需求；而农民/农户拥有的金融资产数量和种类持续增加，也产生了一系列现代零售金融需求。应该说，涉农产品研发速度加快也成为 2007 年商业银行在脱媒背景下的市场客户的重要战略选择，农村各类金融机构都在涉农金融产品创新方面有所发展。

一是农业银行。2007 农业银行以服务"三农"推动业务创新，在信用卡业务上设计研发出"金穗惠农卡"系列产品，在农业保险领域与中国人寿保险推出"新简易人身保险"，针对涉农小企业推出了单户信用总额在200 万元以内的小企业简式快速贷款、小企业客户整贷零偿贷款、商铺经营权质押贷款、森林资源资产抵押贷款等特色服务，针对农户贷款发展一系列"公司＋农户"，"协会＋农户"的贷款新形式。

二是农村商业银行和农村信用社。从发展态势看，很多发达地区的农村商业银行产品创新不逊色于其他银行。北京农村商业银行就推出了全国首家"指纹银行"，推出国内首张免费提供给农民的粮食直补资金"一卡通"；上海农村商业银行则先后创新性地开发了房地产抵押授信业务、农民专业合作社贷款、供应链融资业务等一系列新颖的产品模式，发展规模和市场运作都取得很好反响。农村信用社的服务对象主要是农户，其金融产品创新主要是紧紧围绕农户需要，在保证安全和效益的前提下，在农民外出打工、农户进城经商等方面开发出了一些融资和结算产品。

三是邮政储蓄银行。2007 年推出定期存单小额质押贷款之后，邮政储蓄银行全面推出小额贷款业务种类，包括农户联保贷款、农户信用贷款和农村微小企业贷款等品种。与小额质押贷款相比，小额贷款对风险控制、放款管理水平要求更高。邮政储蓄银行采取"建设—营运—移交"的模式，即试点在总部和试点省局的直接参与下进行，在风险控制、业务开展各项工作都步入正轨后，再完全移交到当地机构。之后，在 2007 年年末至 2008 年年初，邮政储蓄银行又推出商户小额贷款业务，是针对广大中小商户和微小企业主开辟的一个新的贷款渠道，其初期贷款业务范畴包括商户联保贷款和商户小额贷款。

六、产品创新中的风险问题凸显

任何金融创新本身都是一个社会金融活动发展到一定阶段后的必然结果，它大大提高了储蓄转化为投资活动过程中的效率，并有效地降低了交易成本。但值得注意的是，在金融创新过程中，由于市场约束力下降，相关主体对风险控制重视不够，我们看到的是金融创新相伴的风险问题，尽管这种风险可能与金融工具本身无关。反映到目前国内银行产品创新上，有以下几点值得注意的地方。

一是理财产品存在三大缺失：银行对结构性产品的定价能力缺失、理财产品的信息披露机制缺失，以及监管当局针对理财产品的风险提示和投资者风险教育缺失。在产品设计方面，个别产品只是一味转手出售，而其中可能存在严重的结构设计问题，其投资价值极低；同时，在发行理财产品后，银行未能及时进行收益风险的跟踪分析，无法把握产品实际收益率的走势情况。在信息披露方面，没有定期披露理财产品的实际收益率情况，特别是发行较为复杂的结构性产品时，没有向客户明确说明其中的衍生产品交易结构，并揭示挂钩产品的历史价格走势及主要影响因素，往往片面强调"预计最高收益率"，对产品存在的潜在风险却淡化处理。在监管层面，理财产品的运行情况从产品发行到产品终止期间一直处于监控的盲区。监管当局应当要求商业银行加强理财产品的风险提示和风险教育工作，不仅要公布"最高预期收益率"，更应该公布"预计最低收益率"；加强理财产品的风险评估机制，要求定期披露理财产品的实际收益率情况；此外，可以仿效其他理财产品的评级机制（如基金业评级），尽快建立由独立第三方进行评级的制度。

二是需积极面对因市场环境和政策变化引出的创新风险问题。2007年，以房地产价值为抵押的创新产品受阻。由于在实际操作中贷款资金流难以监控，可能导致银行资金变相进入股市，这类产品的创新力度有所减弱，包括房地产抵押贷款、住房循环信用等。另外，受美国次贷危机的影响，银监会规定不允许银行为企业债担保，同时对类似其他理财产品也不允许提供担保，这在一定程度上抑制了银行风险表外化的风险，但通过理财产品借助信托机制实现对客户的融资业务的情况仍然突出，加大了宏观调控的难度，同时也使风险向理财客户转移，一旦银行的理财业务不能切实履行告知业务，存在潜在的信誉风险，出现表外业务表内化的可能。

三是产品创新可能弱化直接融资和间接融资领域的风险隔离，对银行综合经营中的风险管理提出更高要求。当前，我国正在大力发展直接融资，其政策初衷就是优化我国的融资结构，避免风险向银行体系的过度集中。但随着金融市场的发展，特别是各种金融工具的创新，有可能出现某些创新的金融工具，名义上投资风险由投资者承担，实际上风险最终仍然由银行体系来承担，从而导致集中在银行体系的风险不能真正转移和分散。因此，在大力发展金融市场的过程中，要能真正体现直接融资风险由投资者承担的原则，完善相关基础性制度，同时进一步提升银行在专业领域的竞争能力和风险控制能力，夯实其综合经营的基础。

第四节　2008 年银行业产品创新趋势与特点

一、银行转型加速将为 2008 年产品创新提供新领域

伴随着金融脱媒和管制放松，可以预见 2008 年我国商业银行将依托以下三种路径实现经营转型：（1）通过与基金公司、证券公司、保险公司的股权纽带实施业务整合，逐渐形成消费金融、公司与投行、资产管理等主营业务；（2）通过并购在全球范围内进行多元化金融业务布局；（3）通过内部组织机构变革逐步压缩非核心业务，做大做强核心业务。产品创新依然会在转型领域扮演重要角色。

一是私人银行业务将会取得重大发展。个人财富的迅速积累和财富分配方式的巨大变化将催生私人银行产品的不断创新。尤其是在当前人民币升值、热钱涌入中国的背景下，加上受次贷危机影响，香港和欧美等境外市场金融产品收益不尽如人意，私人银行客户在国内投资的热情攀升。而过去几年里商业银行在理财业务、财富管理方面积累的经验也将为 2008 年私人银行业务的发展奠定基础。面对中国人不愿露富的传统，国内私人银行业务也将有别于国外私人银行打"全托管"模式和全球范围的资产配置、离岸基金等"招牌动作"，银行将在贷款、融资、投资顾问、各种金融工具使用、税务、法律、不动产投资，以及客户移民、子女留学等方面为客户提供专业建议。

就私人银行业务而言，外资银行和中资银行将彰显各自不同的竞争优势。毋庸置疑，外资银行丰富的海外经验、全球化的人才调配、强势的品牌效应是其吸引国内私人银行客户的重要因素。但是，由于目前的法规限制，外资私人银行还无法发挥产品和创新的优势。另外，境外私人银行的一大功能是在客户生前进行财产传承的合理规划，从而规避高昂的遗产税和赠与税，然而，中国目前尚未开征这些税种，这使得私人银行的吸引力又少了一分。因此，可以预见外资私人银行更适合操作离岸业务、海外移民、子女留学等业务，以及利用其全球资源拓宽私人银行客户的业务网络和人际关系，在增值服务方面显现外资银行的优势。

二是理财产品将更有针对性，结构设计会更加灵活，风险揭示将更为重要。在 2007 年银行理财产品数量的显著扩张中不难发现，各中资银行推出的银行理财产品仍然是面对一般投资大众的低端产品，对客户的差别化服务

也仅限于收益率的微调等浅层次区分，市场细分严重不足。可以预见，产品量的积累所导致的竞争压力将通过细分客户需求、提高产品的需求针对性得到缓解。商业银行将积极开展客户的分层研究，重视不同客户的风险偏好，不断通过产品创新满足、引导和培育特定客户群体的需求功能，更大限度地体现产品的增值性；同时，也将更敏锐地把握市场需求，不断调整和推出适宜的理财产品，积极深化理财服务的内涵，摆脱单纯产品推销人的角色。

针对股市震荡期，理财产品设计方面投资期限将更灵活，产品流动性将更强，特别是开放式产品将迅速崛起。这类产品主要特点是投资者可以自由申购、赎回产品份额，而且无论申购、赎回，份额、资金均是实时入账。当然，相对于其他具有封闭期的理财产品，此类产品的收益率会比较低，主要投资于银行间市场信用级别较高、流动性较好的金融工具，主要包括国债、金融债、中央银行票据、债券回购以及高信用级别的企业债、公司债、短期融资券等。还有，将出现短期股权投资产品，比如，股权受益权信托理财产品，其投资于战略配售的股票受益权，期限短，收益较高，来源于其所持的上市公司战略配售股票锁定期解除后实际卖出交易产生的收入。2008 年，随着发行制度改革，"打新股"将不能再获得无风险高收益，理财产品挂钩的基础资产将更趋复杂，其中"股债双打"不失为保证产品的收益选择之一，既保留了已经证明行之有效的打新策略，又增添了分离式可转债的卖点，使得产品可以根据市场情况灵活选择投资品种，保证了收益率的相对稳定。还有拟将面世的具有做空机制的股指期货交易，利用股指期货推出之初和股票现货之间存在的不合理价差所蕴涵的套利机会，运用先进的指数拟合优化技术和套利交易平台，买入股票现货，卖出股指期货，获取无风险套利收益，增加产品新的盈利来源。

考虑 2008 年市场剧烈动荡，不排除银行出现最终收益为零或是有亏损的理财产品，那么，如何对产品收益风险提示做进一步要求，是监管部门和商业银行需要共同面对的话题。

三是面对以 IPO、企业债券为代表的直接融资的快速增长，投行业务势必成为 2008 年中国银行业核心竞争领域。近年来，开展投行业务已成为商业银行结合自身优势、谋划经营战略转型、转换以存贷利差为主的盈利模式的最重要的应对措施之一。发展投行业务，参与上市服务、收购兼并服务等，可使商业银行在信贷业务外，向法人客户提供更多综合服务。截至 2007 年年底，已有工商银行、建设银行、光大银行、民生银行、上海浦东发展银行、兴业银行、中信银行、农业银行等银行成立投资银行部门。这些银行将在未来一段时期加大在这方面的业务创新与发展。

投行业务是信用和资本的桥梁。在创新领域上，大型国有商业银行和股份制商业银行将各有侧重。大型国有商业银行凭借网络、渠道、客户、人才、技术等资源优势，将更侧重于与资本市场联系紧密的投行业务，如重组并购、资产证券化、境内企业 IPO 配套服务、企业短期融资券承销、企业发债顾问等。而相对小型的股份制商业银行将更侧重于与信用市场联系紧密的投行业务，如融资咨询、企业资信、财务顾问、公司理财等，并抓住一两项业务作出特色，取得突破，打响品牌。投行业务的创新途径将表现为加大与投行、券商等机构的合作创新。商业银行的投行业务与专门投行各有各的活动领域，产品、使用的金融工具均不同，这为二者的合作提供了创新的空间。商业银行可以与国内外的投行结成业务合作伙伴，共享客户资源，优势互补，向客户提供不同的产品和服务，或同一产品的不同阶段的差异化服务。

四是综合经营趋势下，银保、银证可以通过交叉销售降低成本，提高效益。2007 年年底政策上允许商业银行入股保险公司后，可以预见 2008 年有条件的商业银行将积极推进银行系保险公司的面世进程，充分利用银行渠道，细分银行法人、个人客户需求，创新与银行产品配套销售的保险产品，实现为客户提供一揽子金融服务的功能。

二、产品创新将提高银行对专业团队的重视，降低对分行网络资源的依赖

面对日趋复杂的融资金融服务，包括收购兼并的融资、结构性融资、资金衍生产品，银行的核心竞争力在于通过产品设计技术解决客户的风险、综合降低融资成本。这方面最核心的资源不是一两个人的挖角，也不是银行规模的扩张，而是专业团队的培养、交流平台的搭建以及创新环境的积聚。

比如，目前结构性产品是银行理财产品的核心产品。结构性产品的设计越复杂，发行者的成本就越低，获利空间越大，市场竞争能力也越强。而国内结构性产品还停留在比较初级的阶段，主要扮演"中间人"的角色，或是将本金留做存款来源，而将其他与衍生产品连接的部分交给海外分行直接投资衍生产品，或是向大的交易商购入结构性产品再进行分销，这与国内不具备这样的运作团队是有密切关系的。应该说，突破银行理财业务发展的专业人才瓶颈是 2008 年每家商业银行都必须正视的问题。再比如，在私人银行竞争上，中资银行将凭借国内庞大的网络获得客户积累的优势。但是，私人银行的业务创新与大量经验丰富的金融人才密不可分，因此，为弥补自身"短板"，可以预见，中资银行将趁势向外资银行发起一轮人才争夺战。

总之，专业团队将为产品创新提供智力支持，从而使创新具有一定程度的品牌属性。

三、产品创新背后的体制、机制创新凸显其重要性

面对产品的同质化，越来越多的银行已经认识到差异化战略的重要性，但只有拥有创新制度保障的银行才能永远走在创新的前列。可以说，产品研

发的制度创新是产品自身创新的土壤。而制度一定要体现对创新的激励，商业银行一方面将改变产品研发人员的收益预期，通过建立有效的激励结构，使产品研发人员与银行的利益目标趋于一致，例如，对产品研发团队不仅注重对盈利指标的考核，更应加大对创新指标的考核，提供产品研发人员直接接触客户反馈信息的途径，鼓励产品研发人员开动脑筋，开发满足市场需求的创新型产品。另一方面，将调整其他相关部门人员的收益预期，特别要通过激励制度为直接销售产品、接触客户的银行人员提供产品创新的动力。

比如，中小企业融资业务的创新重点就是结合县域经济发展实际，整合贷款流程，减少贷款链条，建立相应的风险控制和激励措施。研究新形势下产品准入条件、操作程序、限制性条款和贷款管理办法，积极拓宽中小企业担保抵押、质押物的范围，并下放信贷授权。上级行应灵活运用转授权，在对基层行制定包括准入条件、产品操作流程、关键风险控制点及控制方案后再转授权给经营行，以减少贷款程序，优化贷款流程。而这一切不单是一两项产品创新所能涉及的，其背后的机制流程设计更为关键。

四、产品创新会更注重社会责任

针对最近一两年有争议的银行服务、收费问题，以及对中小企业、民营企业的贷款歧视，银行急需改变在社会公众中垄断、暴利、高福利甚至案件高发的负面形象。为提高自身信用和声誉，今后一段时期，银行产品创新将注重与民分利，主动履行社会责任。

银行的社会责任，不仅是企业的盈利与纳税，也不限于慈善募捐，它的核心是通过提供专业服务来实现环境保护、减少排放和增加社会福利。因此，银行社会责任与其可持续发展目标具有一致的核心理念与价值导向。2008年，银行社会责任与产品创新主要有以下融合途径。

一是以"绿色信贷"为表现形式。金融作为市场经济的核心，在全社会配置资源中有着举足轻重的作用。那么，面对节约资源和保护环境这一项基本国策，作为金融业主体的银行业必须抓住机遇，挑战风险，重视其社会责任，学习国外银行业对环境和社会风险评价的先进理念和技术，熟悉国际规则，加快建立绿色信贷体系，服务于节能减排的目标。2007年，监管部门先后出台了《关于改进和加强节能环保领域金融服务工作的指导意见》、《关于落实环境保护政策法规防范信贷风险的意见》，就改进和加强节能环保领域金融服务工作提出了指导意见。在此背景下，商业银行需从长计议，加强绿色信贷的全过程管理，形成贷前、贷中、贷后的传导和控制链条；加强信贷政策的前瞻性研究，关注"节能减排"政策对部分企业构成的风险因素；加快建设环境因素资料库，分析研究每个行业对环境的影响、评价和选择贷款客户，并为客户提供风险评估的服务和环境灾害保险。

二是以"弱势群体"为突破口。在拉丁美洲、南亚等欠发达地区，社会公平的核心内容之一就是弱势群体能够通过融资计划享受主流金融服务。这一理念正在渗透到我国的政治经济生活中，银行业作为金融资源的集中部门，需充分探索"小额信贷"金融产品和服务，并通过创新确保这类金融产品更具商业性、推广性和可持续性。

第五章　2007 年中国股权市场创新报告

□李镇华[①]

　　2006 年加速的金融脱媒在 2007 年明显展现出来。人民币强烈升值预期、国内市场利率持续上升、西方主要发达国家市场利率接连下降引致国际热钱大量内流，国内通货膨胀率屡创新高、实际存款利率保持较低水平吸引居民储蓄存款大量从间接融资市场流向直接融资市场，来自国内外的资金供给带来直接融资市场空前繁荣，投资者财富急剧增加。直接融资市场股权类资产价格与实际价值渐行渐远，投资者投资风险逐渐积累，因为不同市场之间的关联性，以股权市场为核心的直接融资市场积累的风险可能以危机形式爆发并传导到间接融资市场，两个市场的危机如果冲击实体经济，可能引起生产活动资金链条断裂，从而影响到整个国民经济的健康发展。针对直接融资市场聚积的风险，管理层出台多种政策措施，引导直接融资市场资金分流，促进更多金融产品供给，加强投资者风险教育，提供风险管理工具。以上几点交织在一起，形成 2007 年中国股权市场改革发展主线。

　　本部分研究将首先对 2007 年中国股权市场取得的发展成绩进行简单回顾，然后从市场机构因为丰富的市场流动性而大量增加股权产品供给、监管层针对市场积累的潜在风险采取全方位化解措施的角度对股权市场进行深入分析，最后针对股权市场仍存在的问题和现象进行简单探讨。

---

①　经济学博士，现任职于中国证券投资者保护基金公司。

第一节　2007 年股权市场发展情况

一、市场规模明显扩大，与国民经济关联度不断增强，在经济社会发展中作用日益突出

2007 年，上证指数开盘于 2 728 点，收于 5 261.56 点，年度涨幅 92.9%，上证 180 指数收于 12 024.60 点，涨幅 151.55%。截至 2007 年年底，国内上市公司总数达到 1 550 家，沪、深两市股票市场总市值达 32.71 万亿元，其中二级市场流通市值 9.31 万亿元，证券化率突破 150%，达到成熟市场水平，总规模在亚太地区仅低于日本，位居全球第四。

2007 年全年境内证券市场筹资达 7 728 亿元，与 2000 年以来 7 年融资总额 7 787 亿元的水平基本相当。A 股 IPO 融资达到 4 473.32 亿元，较上年增长 172.34%。其中主板市场发行股票 247 只，募集资金 4 097 亿元。12 只大盘股合计募集资金 3 828.9 亿元，占全年 IPO 募资总额的 86%。中国石油创 2007 年 IPO 纪录，市值一度达到全球第一。随着中国石油等大盘蓝筹股的发行以及再融资的活跃，2007 年 A 股市场融资规模达到全球第一，全球十大市值公司中国居半（表 5−1）。中小板市场有 96 只股票发行，募集资金 373 亿元，分别占总量的 27.99% 和 8.34%。在迎来第 200 个成员后，中小板流通市值达到 3 362 亿元，总市值达到 10 646.68 亿元，年增量 8 641.79 亿元，增幅 431%，已成为中国多层次资本市场的重要组成部分。

表 5−1　　　2007 年中国证券市场最大规模 IPO 公司前 12 名

序号	公司简称	融资金额（亿元）
1	中国石油	668
2	中国神华	665.8
3	建设银行	580.5
4	中国平安	388.7
5	中国太保	300
6	交通银行	252
7	中国中铁	224.4
8	兴业银行	160
9	中海集运	154.7
10	中国远洋	151.3
11	北京银行	150
12	中信银行	133.5

2007 年全年沪、深两市股票、基金、权证成交总金额达到 53.4 万亿元，期货市场全年成交量 7.28 亿手，成交金额 41 万亿元。其中，沪、深股票市场总交易额达 45.65 万亿元，是过去 7 年总额的 1.5 倍；整个权证市场成交总金额达 7.7 万亿元，日均成交 145.6 亿份，日均成交额 321.6 亿元，分别较 2006 年增长 88.63% 和 77.06%，最多时有 26 只权证在市场上交易。

香港证券市场 2007 年刷新多项纪录：股权融资总额为 5 585 亿港元，超过 2006 年的 5 254 亿港元；总成交金额为 21.67 万亿港元，较 2006 年高159%；平均每天成交金额为 881 亿港元，按年率升幅为 166%。衍生权证成交金额为 4.69 万亿港元，较 2006 年高 162%。所有期货及期权合约张数共 8 799 万张，较 2006 年上升 105%。

二、上市公司结构显著改善，市场运行基础进一步夯实

（一）H 股回归

为了提高上市公司总体质量和行业分布结构，针对我国部分优质央企在香港上市或在香港等非内地注册的情况，中央主管部委和监管机构采用多种方式，促使 H 股和红筹股回归。

红筹股是在境外注册、在香港上市的、带有中国大陆概念的股票的总称，发行这些股份的企业的最大控股权直接或间接隶属于中国内地有关部门或企业。H 股和红筹股同在香港上市，其根本区别是：H 股在内地注册、管理，属于中国内地公司；红筹股在境外注册、管理，属于海外公司或者香港公司。从 2001 年到 2006 年年初的五年时间里，中国内地大量优秀的银行、保险、电信、能源、资源类公司纷纷在海外上市。2007 年年初，市值超过30 亿美元的 53 家中国大型企业中，有 29 家在海外上市，其中多数选在香港，其中包括中移动、中海油、中国网通、联想集团、中国粮油、华润电力等行业龙头企业。

H 股回归在 2007 年迎来新一轮高潮，中国人寿、中国远洋、中国神华、中国平安、中国石油、中国铝业、中海油服、中海集运等已发行 H 股的企业，采用在 A 股市场发行新股的方式回归 A 股。2008 年年初通过证监会审批的紫金矿业成为红筹股回归 A 股市场的第一股。

（二）大型优质中央企业整体上市

2007 年央企整体上市风起云涌，已经完成或计划整体上市的央企共 57家，占总数的 1/3 略强。其中，已完成整体上市的央企有 16 家，计划以IPO 方式完成整体上市的央企有 13 家，计划以注资等方式完成整体上市的央企有 28 家。目前，150 多家央企约 50% 的资产已经注入上市公司，这部分资产对央企税前利润贡献占到 90% 以上，代表公司是中国船舶和东方电气集团。

（三）大量股权激励计划核准

2007年大量股权激励计划被监管部门核准，包括中化国际、中粮地产、金螳螂、烽火通信、报喜鸟、海油工程等企业。2007年6月29日，鹏博士股权激励方案经证监会审核无异议通过，成为我国引入市值考核股权激励计划的第一家非国有上市公司，其行权条件融入了市值考核，要求每一个行权期公司市值增长率不低于上证综指增长率或降低率不高于上证综指降低率。中小企业板上市公司密集发布股权激励计划，有两个重要特点：一是行权价格大多数以股票期权激励计划草案公布前一个交易日的收盘价为准；二是行权条件相比之下越来越高。

（四）上市公司股权转让四面受益

2007年沪、深两市共有313家公司成功完成股权转让，其中328起交易（一公司可能有多次交易）涉及金额约463.45亿元。上市公司从四个方面获得利益：首先，资产质量获得质的飞跃。例如，ST寰岛将所持有的汉鼎光电33.92%股权以3 800万元的价格转让给北京和谐源，成功剥离了不良资产。其次，股权转让获得新的利润增长点。例如，＊ST华源受让安徽华皖碳纤维46%股权，涉资1.2亿元；交易完成后，公司持有碳纤维90%股权，而碳纤维产品具有独特优势和发展前景，不但有助于公司产业结构的调整与整合，也为公司带来可观的新增利润。再次，相关公司有效地避免了同业竞争。例如，昆百大A受让华信诚智公司和易和天为公司持有的吴井公司25%和24%的股权，涉资7 291.71万元；受让完成后，有效地避免了大股东与上市公司之间的同业竞争。最后，股权转让也使得部分公司有效地扩大了海外市场。例如，中软孙公司中软国际收购和勤环球资源100%股权，交易总额约为4 506万美元；收购完成后，凭借在软件服务外包上建立的基础和HGR客户关系，中软国际将进一步扩大海外市场，加强与国际跨国公司的联系。

（五）中小企业板市场行业结构日益完善、公司质量较为稳定，机构投资者与中小企业板市场互动明显

中小企业板市场200家公司共覆盖15个行业大类，商业、资源、金融、房地产等重要类别出现，行业结构大幅完善。信息技术业地位不断上升，已成为中小企业板公司数量第一、流通市值第二的行业，反映出高成长新兴产业在中小企业板所占比重较高。

中小企业板指数成分股中，属于前50家上市的有46家，属于第51～100家上市的有40家，属于第100～200家上市的有14家。尤其是首批上市的8家公司全部保持成分股身份，表明中小企业板公司质量比较稳定，民营企业对公司的持续经营具有较高责任感和实现能力。

随着中小企业板公司整体成长性的体现以及更多优秀公司加盟，基金等机构投资者对中小企业板的投资力度不断加大，推动了中小企业板公司的价

值发现。

三、证券经营机构实力明显增强，持续发展能力大幅提升

目前，我国证券公司总收入仍然保持以经纪收入为主的状况，2007 年证券市场持续繁荣除为证券公司带来巨额经纪收入外，承销与保荐、自营等业务也为证券公司创造了巨大收入。2007 年，106 家券商席位双向共成交111.75 万亿元。行业佣金实际收取比例约为 0.15%，依此计算，2007 年券商佣金收入高达 1 676.25 亿元。排在前十位的券商 2007 年累计成交 47.16 万亿元，市场占比达 42.05%，市场集中度较高（表 5 -2）。

表 5 -2 　　　　　　　2007 年中国证券公司经纪收入前五名排行榜

证券公司	成交金额（万亿元）	市场占比（%）
银河证券	7.15	6.37
国泰君安	6.96	6.21
申银万国	5.22	4.66
国信证券	4.82	4.29
海通证券	4.73	4.22

证券公司纷纷借壳上市壮大资本实力，为更多创新业务推出奠定资金基础。海通证券成功借壳都市股份，成为首家借壳上市的券商。此后，东北证券借壳锦州六陆、国金证券借壳成都建投、国元证券借壳 S * ST 化二先后获批，加上长江证券正式登陆 A 股市场，使 A 股市场券商资本实力迅速壮大。

证券公司创新业务不断，持续发展能力增强。2007 年 12 月，证监会批准了国内两家证券公司（中金公司和中信证券）可从事直接投资业务。中信证券获得直接投资业务资格后，按照投资不超过净资本 15% 的上限，直接投资业务额度可达 60 亿元左右。

四、投资者数量快速增加，资本市场逐渐成为全社会财富管理重要平台

投资者参与直接融资市场的绝对数量和相对数量剧增。2007 年沪、深两市投资者开户数达 3 721.29 万户，平均每个交易日超过 15 万户。到 2007 年年底，我国股民开户 13 870.21 万户，"基民"开户 2 597.21 万户。

随着资产证券化进程的推进，中国百姓金融资产结构中储蓄占比持续下降，股票和基金等成为许多城镇家庭最主要投资产品。2007 年中国城乡居民储蓄存款首次出现负增长，从 16 万亿元下降到 15 万亿元，而 363 只基金资产净值达 32 754.03 亿元，较 2006 年年底的 8 564.6 亿元增加 282%。华夏、博时、嘉实管理的基金资产规模均超过 2 000 亿元，居前三位。

五、多层次资本市场建设成绩显著

主板市场进一步完善，基本完成股权分置改革，融资功能恢复；中小企业板市场上，多种行业中小企业上市，极大扩充和完善了中小企业板上市企业的数量和行业结构；创业板准备工作基本完成，高科技公司上市融资、风险投资基金退出渠道将成功建立；代办股份转让系统运转正常，为构建统一监管下的全国性场外交易市场奠定了基础。

代办股份转让系统为非上市的科技含量高、自主创新能力强的中小企业或已经退市的公司提供股份转让报价服务，有利于创业资本的退出机制建设，也可以满足多元化投融资需求。截至2007年年底，共有37家企业进入代办股份转让系统进行报价试点，其中已备案及挂牌企业23家。

第二节　2007年股权市场创新分析

股权市场的空前繁荣和巨大成就表明2007年是中国股权市场发展新阶段的标志性一年。为了更深入、客观地分析2007年股权市场发生的变化，我们把股权市场放回到一般商品市场，用商品市场的一般规律来观察、分析与思考。

市场的基本供需状况是：一方面，国内外大量资金聚集在股权市场，对股权产品形成巨大有效需求；另一方面，股权市场产品本身种类相对发达国家资本市场而言比较单一，供给产品的主体和供给产品的绝对数量较少。市场过多资金供给追逐较少股权产品，必然结果是股权产品价格与价值较大幅度偏离，投资者实现自己投资收益预期的可能性降低，投资风险增大。

股权市场不同的参与者缘于自身利益的差异有着不同的参与目的。股权产品供给方参与市场的根本目的是融取资金，改变自身资源约束，当然不排除改变资本结构、利用股权市场宣传自己等目的；股权产品的最终需求方参与市场的基本目的是实现自身财富的平稳增长，通过产品买卖来达到自身目的，与产品供给方一起形成市场交易的基础；市场的管理者为了实现市场对稀缺经济资源的有效配置，需要为市场规律的正常发挥创造基本条件，保证交易"三公"原则，实现市场健康、稳定的发展。

基于参与目的不同，股权产品市场不同参与者选择不同经济行为，在股权产品市场积极作为，展开金融创新。对股权产品供给方而言，股权产品价格与价值较大幅度偏离，一定数量的股权产品供给可以占有更多的社会经济资源，因而股权产品供给者从产品的数量和种类方面进行积极创新，扩大股权产品数量供给，增加股权产品供给方式，丰富股权产品种类，极大繁荣了股权市场。股权产品的最终需求方目前基本上是只能被动接受市场产品，但可以通过"用脚投票"来影响产品供给方的供给活动。股权市场的管理层面临市场出现巨幅价格波动、投资者投资风险增大的情况，理所当然的核心工作就是管理股权市场系统性风险，采取加强基本制度建设、解决历史遗留问题、提高新市场的建设标准等系列措施，促进市场回归理性。

一、股权产品价格与价值较大幅度偏离，促进股权产品供给

股权产品价格高企，使股权产品发行者发行相同数量的股权产品可以付出较少发行成本和出让较少的公司权益，占有更多的社会资源，这为股权产品供给者提供了较大的供给激励。股权市场发行主体纷纷扩大直接融资规模，利用获得的资本市场资金进行实体经济领域投资，占有稀缺经济资源，特别是投资于价格相对较低的海外资产。市场中介机构利用难得的历史机遇，纷纷做大做强。

股权发行主体增加股权产品供给，一方面促成股权产品数量和品种的繁荣，另一方面促使股权产品价格回归实际价值，即繁荣中回归理性。

发行主体增加产品供给、扩大融资规模而进行的金融创新，体现在新股发行、再融资、并购重组、股权激励与行权等方面。

（一）新股发行

一是新股发行数量方面，大量优质企业上市。股权产品的供给方增加了市场产品的供给。2007年内地股权市场融资额与2000年以来7年融资总额基本相当，主板市场发行股票247只，中小企业板市场发行股票96只。股票发行速度创下历史纪录，7月初，南京银行、宁波银行、蓉胜超微和高金食品4只新股一日同时发行，冻结资金高达20 129亿元，同时，西部矿业、东华科技2只新股上市交易。

二是新股发行方式，主板市场经历了从H股回归到同时发行A股和H股（A＋H），再到先A后H的发行方式"三级跳"。股权产品的供给方增加市场产品供给的方式发生改变。在主板市场先发行H股，再回归A股，是以往大多数内地企业上市普遍采用的模式。2006年，工商银行第一次实现了A＋H两地同步发行，创造性地解决了境内外信息披露一致、境内外发行时间表衔接、两地监管协调和沟通。2007年，中国证券市场进入后股改时代，中国中铁率先采用先A后H模式发行上市，是国内大公司两地上市新方式的开端。中国中铁A股12月3日在上海证券交易所上市交易，发行价为4.80元人民币，H股12月7日登陆香港证券交易所，开盘报6.80港元。继中国中铁先A股后H股之后，太平洋保险也采用这种模式实现两地上市。

三是产品供给结构改变，中小企业板市场表现比较明显。多种行业中小企业上市，极大扩充和完善了中小企业板上市企业的数量和行业结构。2007年年内有96家公司完成在中小企业板IPO，较2006年的56家增加了71.4%。中小企业板上市企业主要分布在五大行业，即材料、工业、消费、

信息技术和医疗保健，其中信息技术已成为中小板数量第一、流通市值第二的行业，此外电子、化工、金属、IT 等行业也有较多分布。地区分布上，以广东、浙江两省数量最多。宁波银行登陆使中小企业板上市公司结构中增加了金融行业，是中小企业板行业代表性增强的标志性事件。

四是积极扩大股权产品市场的种类。创业板准备工作基本完成，高科技公司上市融资、风险投资基金退出渠道将成功建立。创业板将适当降低上市标准，降低公司负担，但将严格公司监管，规范信息披露；实施股份全流通，为风险投资提供退出渠道；放宽涨跌幅限制，但对投资者入市标准作出规定，每笔交易单位上会有独特要求；引入保荐人制度。

（二）上市公司再融资

一是上市公司股权再融资。除了新上市的公司发行股权产品进行融资外，已上市的公司也因为多种原因供给股权产品进行再融资。上市公司再融资可采用的方式有发行可转换债券、配股、公募增发和定向增发 4 种，2007 年主要采用可转换债券和定向增发两种方式，特别是定向增发成为上市公司调整资产结构、优化公司质量的重要渠道。2007 年上市公司再融资总金额达 3 254.68 亿元，和 IPO 金额相差不多。

案例：上市公司定向增发

中国远洋的定向增发成为上市公司通过定向增发方式提高公司质量的典型案例。

中国远洋向大股东定向增发报告书显示：中国远洋向中国远洋运输集团（以下简称中远集团）发行 864 270 817 股 A 股股票用于支付购买中远散运 100% 的股权、青岛远洋 100% 的股权以及深圳远洋 41.52% 的股权的对价，其余拟发行股份将向特定投资者发行，并以所募集的人民币现金支付购买中远香港持有的 Golden View100% 的股权和广州远洋持有的深圳远洋 6.35% 的股权的对价。上述目标资产的总对价为 3 460 966.31 万元。如募集的人民币现金净额低于 Golden View100% 的股权和深圳远洋 6.35% 的股权的对价，不足部分以中国远洋自有资金、金融机构借款等方式解决。

公司方面表示，本次收购优质干散货航运资产后，中远集团业务收入从来源上将更加多元化，有利于平衡各类航运资产的周期性变化，获得新的可持续发展的盈利增长点，并增强集团盈利的稳定性。同时，中远集团资产规模将大幅提高。截至 2007 年 6 月 30 日，集团资产总计将从交易前的 721.40 亿元增至交易后的 1 019.51 亿元，增幅为 41.3%。当时，全球干散货航运业处在历史高位，该次收购优质的干散货资产将为中远集团提供新的盈利增长点。中远集团将进一步延伸航运主业的价值链，发展成为一家拥有集装箱航运、干散货航运、物流、码头和集装箱租赁等多种业务的综合航运公司。中国远洋的综合实力和整体竞争力将得到大幅增强，有利于长远发展和股东价值的提升。

二是公司债正式发行，启动再融资新渠道。公司债不是股权产品，但它是 2007 年中国股权市场上市公司融资手段的一大革命，将逐渐改变我国债券市场国债独大的状况。公司债券市场，按照证监会"先试点、后分步推进"的工作思路，发行主体采取从上市公司试点入手。初期试点公司范围仅限于沪、深证券交易所上市公司及发行境外上市外资股的境内股份有限公司，这与中国股权市场密切相关。2007 年 8 月 14 日，中国证监会正式颁布实施《公司债券发行试点办法》，标志着我国公司债券发行工作的正式启动。9 月中旬，上海证券交易所宣布《上海证券交易所公司债券上市规则》发布实施。上市规则包括总则，债券上市条件，债券上市申请，债券上市的核准、信息披露及持续性义务、停牌、复牌、暂停上市、恢复上市、终止上市，违反规则的处理，以及附则等八章。发行人申请债券上市应符合条件：经有权部门批准并发行；债券的期限为一年以上；债券的实际发行额不少于人民币五千万元；债券须经资信评级机构评级，且债券的信用级别良好；申请债券上市时仍符合法定的公司债券发行条件；上海证券交易所认可的其他条件。9 月中旬，深圳证券交易所就该所公司债券发行、上市、交易等有关事项作出通知，规定公司债券发行可以采取向上市公司股东配售、网下发行、网上资金申购、网上分销等方式中的一种或几种方式的组合，公司债券发行利率或发行价格通过询价方式确定；发行人可安排当期公司债券发行规模的全部或部分比例向上市公司股东优先配售或网上公开发行（网上资金申购或网上分销），其余部分由主承销商或承销团组织网下发行。根据相关安排，作为中国资本市场上首只公司债券，中国长江电力股份有限公司 2007 年第一期公司债券 10 月 12 日在上海证券交易所挂牌上市，上市仅仅 8 秒钟就被抢购一空。长江电力这只债券的亮相被业界称为资本市场迈出的"一大步"，公司债由此正式起航，中国资本市场均衡协调发展拉开序幕。

（三）并购重组

上市公司通过并购重组、整体上市等多种方式，提高公司资产质量和核心竞争力，积极为股权产品的供给奠定坚实的经济实体面支撑。

上市公司供给的股权产品的质量由上市公司的经营业绩决定。提高上市公司核心竞争力，改善公司资产质量，是提高股权产品质量的基本途径。同时，上市公司提供股权产品获得资金后，需要为资金提供恰当的使用途径，以占有更多的稀缺经济资源。积极并购重组、整体上市，成为 2007 年中国股权产品市场的重大亮点。2007 年通过并购重组注入上市公司的资产共计约 739 亿元，增加上市公司总市值 7 700 亿元，平均每股收益提高 75%。一批上市公司通过并购重组实现了行业整合、整体上市和增强控制权等做优、做强的目的，同时也催生了一批具有国际竞争力的优质企业。并购重组为上市公司提高资金使用效率提供了良好的渠道。

案例：宝钢集团收购八一钢铁

2007年1月17日，新疆维吾尔自治区政府与宝钢集团签署资产重组协议，自治区政府和自治区国资委同意，以评估价值约为3.3亿元的土地使用权作为出资，对新疆八一钢铁集团（简称八一钢铁）进行增资。宝钢集团通过出资30亿元现金获得重组后八一钢铁69.61%的股份，并由此成为八一钢铁的实际控制人。完成此次收购后，按照宝钢集团目前具备2 200多万吨钢的生产能力，以及八一钢铁预计的在"十一五"末期将达到800万吨钢的生产规模，《钢铁产业发展政策》提出的"到2010年形成两个3 000万吨级的具有国际竞争力的特大型企业集团"的目标已在宝钢集团基本实现。

国有企业特别是大型央企在2007年的整体上市，也为股权产品供给提供了坚实的实体经济基础。它可以减少上市公司与关联公司之间的关联交易，降低交易成本，提高运作效率，增强盈利能力。国有企业整体上市采取两种途径、四种方式。两种途径：一是现有国企整体股份制改造，整体改制设立股份有限公司或有限公司，依法整体变更设立股份有限公司，符合证券法律法规关于发行新股并上市要求的就进行IPO；二是利用控股的已上市公司，通过定向增发、换股合并、收购资产等方式将控股公司纳入上市公司。四种常见方式：母公司上市吸收合并已经上市的公司，进行换股；定向增发，资产注入；上市公司用现金购买母公司资产；子公司下市（如中石化、中石油，这个可能成本较高）。中国船舶和东方电气集团为央企整体上市的代表。整体上市的实现，是提高上市公司质量、规范股权市场基础制度的重要建设措施。

（四）股权激励与行权方面

股权激励与行权，其目的是改善上市公司经营管理、提高上市公司经营绩效，同样也为股权产品数量的扩大和质量的提高提供经济实体面的保证。2007年，各类上市公司大量采用股权激励方式对公司管理层进行绩效管理，鹏博士为第一家引入市值考核股权激励计划的非国有上市公司，宝新能源为首家对激励期权行权的上市公司。

案例：宝新能源对激励期权行权

《上市公司股权激励管理办法》实施近两年后，宝新能源成为首家对激励期权行权的上市公司。宝新能源以2007年12月11日为行权日，将公司《首期股票期权激励计划》第一个行权期涉及的1 080万份股票期权统一行权，共募集资金5 842.8万元，该笔资金将作为公司梅县荷树园电厂二期工程2×300MW循环流化床资源综合利用发电机组项目的流动资金。宝新能源首期激励期权数量共5 400万份，行权价格为5.41元，分为三个行权期，每个行权期的行权比例分别为总数的20%、30%和50%。第一期行权的董事、监事、高级管理人员共20名，董事长提名的核心业务人员若干名，其中董事长、总经理的期权总数分别为460万份和360万份。宝新能源激励对象此次行权的股份自 14 日起上市流通，根据交易所的相关规定，董事、监事、高级管理人员行权所获股份有相应的锁定比例和锁定期，而其他激励对象没有限制。根据宝新能源董事长提名，核心业务人员获得的期权数量共计 1 900 万份，第一期行权数量为 380 万份，该部分股权可以在二级市场出售。以 13 日收盘价计算，这些核心业务人员的账面财富增加了 6 304.2 万元，而且可以随时变现。

（五）海外投资方面

上市公司通过股权产品供给获得的资金，既可以投资于国内市场，也可以通过合法渠道投资于国外市场。虽然跨越国境投资的政治、市场等风险比国内投资大，但在 2007 年国内市场金融产品和实体经济产品价格高涨的情况下，充分利用国外部分市场价格相对较低的特点，投资国外市场，进行套利投资，对于上市公司扩大影响范围、占有更多经济资源、获得更好的发展空间与机会具有重要意义。2007 年，上市公司最大的特点就是在政策允许的范围内加大了对外直接投资，中国资本逐渐走向世界（表 5 - 3）。

表 5 - 3　　　　　　　　2007 年下半年部分上市公司对外直接投资

上市公司名称	对外直接投资
工商银行	8 月 29 日，正式宣布以 46.83 亿澳门元收购诚兴银行 79.9333% 的股份
	10 月 25 日，以约 54.6 亿美元收购南非标准银行 20% 的股权，成为该行第一大股东
民生银行	10 月 7 日，以 25 亿元人民币一举收购美国联合银行，成为第一家涉足美国银行业的中资银行
交通银行	10 月 22 日，位于欧洲的首家分行德国法兰克福分行正式开张营业
中国平安	11 月底，以 18.1 亿欧元收购欧洲富通集团约 4.18% 的股权，成为最大单一股东

二、股权市场中介机构针对市场投资需求旺盛的特点，加大创新力度，通过各类理财产品引导储蓄向投资的转化

（一）证券投资基金方面

2007 年，证券投资基金获得了高速发展，成为居民投资理财的重要工具和投资渠道，主要表现在基金规模增长迅速，服务对象更加多样化。

截至 2007 年 12 月 31 日，58 家基金管理公司管理的基金资产净值（不包括 QDII 基金）达 31 997.4 亿元，较 2006 年年底增长 263.88%，占 A 股市场流通市值 9.31 万亿元的 34.4%；基金份额达 21 252.35 亿份，较 2006 年年底增长 235.54%。

银行系基金加快发展步伐。2007 年 7 月底，浦银安盛基金管理有限公司获得中国证监会批复正式成立，这既是继工银瑞信、交银施罗德、建信之后成立的第四家银行系基金管理公司，也是除五大国有银行之外的首家中小股份制商业银行设立发起的基金管理公司，意味着国内中小股份制商业银行设立基金公司开闸。

在积极发展公募性的基金之外，为满足不同风险偏好和类型的投资者需要，私募性的基金专户理财业务也开始启动。2007年11月底，中国证监会正式颁布《基金管理公司特定客户资产管理业务试点办法》（以下简称《试点办法》）以及《关于实施〈基金管理公司特定客户资产管理业务试点办法〉有关问题的通知》（以下简称《通知》），标志着基金公司专户理财试点工作正式展开。基金管理公司向特定客户募集资金或者接受特定客户财产委托担任资产管理人，商业银行担任资产托管人。为了资产委托人的利益，资产管理人运用被委托财产进行证券投资。专户理财类的运作方式在一定程度上类似于私募基金。

（二）证券公司方面

尽管证券公司资产管理业务的规模不能与证券投资基金相比，但证券公司业务的综合化优势为证券公司从事专项和定向等私募性质的资产管理业务提供了基础，特别是pro-IPO业务更是证券公司较之于基金的独特业务领域。pro-IPO业务通常属于证券公司直接投资业务，在目前还处于试点阶段，中金公司和中信证券经批准可从事直接投资业务。但实际上很多证券公司通过与信托公司合作等其他变通手段，已陆续开展了相关业务，为追求高风险、高收益的投资者提供了规避二级市场高估值的新的投资渠道。

借助直接投资业务试点的优势，中信证券在产业基金管理人竞争中获得了先机。2007年年底，中信证券获得四川绵阳产业基金管理人资格，随着渤海产业基金200亿元、上海金融产业基金200亿元、广东核电基金和山西能源基金各100亿元，加上苏州工业园区上报的100亿元的中新基金等陆续推出，估计产业基金规模将达到800亿元左右，为证券公司开展直接投资业务、履行产业基金管理人职能提供了巨大的想象空间。

三、随着股权市场投资风险的增大，政府主导了风险管理类的制度和产品创新

股权市场价格的巨幅波动导致广大投资者面临较大投资风险，特别是处于市场弱势地位的散户投资者面临风险较大，与稳定、发展的改革总体思路不一致。管理层在对自身基本制度进行建设和完善的同时，对股权市场流动性过剩、资金供给过多的问题，采取了疏导资金流向、完善交易机制、提高上市公司质量、为新产品推出创设制度环境等多种措施。市场主体在盈利动机的激励下，结合市场管理制度的变化，积极推出各类风险管理产品。

（一）为疏导股权市场过多资金，管理层提供政策环境，加快拓展多元化投资渠道

投资渠道的拓展一方面体现为多层次资本市场体系建设的进程明显加快，另一方面体现为海外投资渠道的进一步拓展。

1. QDII

随着政策法规进一步健全和完善，QDII 进入一个全新的发展阶段，汇出外汇资金速度明显加快。从 2006 年 4 月推出到 2007 年 3 月，QDII 汇出仅仅是 40 多亿美元。2007 年 6 月 21 日，证监会公布《合格境内机构投资者境外证券投资管理试行办法》和《关于实施〈合格境内机构投资者境外证券投资管理试行办法〉有关问题的通知》，基金管理公司、证券公司为境内居民提供境外理财服务在前期试点的基础上进一步扩大，证监会基金监管部和机构监管部分别负责审核基金公司和证券公司 QDII 资格申请。

到 2007 年 10 月末，QDII 实际汇出已经达到 286 亿美元：银行类 QDII 共有 16 家中外资银行推出 154 款银行 QDII 产品，人民币销售金额为 352 亿元人民币。基金公司类 QDII，证监会批准 11 家基金公司获得 QDII 资格，到 2007 年 12 月初，外汇管理局核准南方基金管理公司等 5 家基金公司获得 230 亿美元的投资额度。券商类 QDII 产品，证监会和外汇管理局批准中金、招商证券、国泰君安证券以及中信证券 4 家公司共 200 亿美元的境外投资额度。14 家保险公司获得 65.7 亿美元的境外直接投资额度。

2007 年 12 月中旬，证监会基金部明确《合格境内机构投资者境外证券投资管理试行办法》及《关于实施〈合格境内机构投资者境外证券投资管理试行办法〉有关问题的通知》中未来 QDII 产品可以同时投资于国内和国外市场，或者说 QDII 未来可投资 A 股。

2. 港股直通车

2007 年 8 月，国家外汇管理局批准我国境内个人直接对外证券投资业务试点，居民个人可在试点地区通过相关渠道，以自有外汇或人民币购汇直接对外证券投资。主要内容包括：第一，居民个人可使用自有外汇资金及人民币购汇直接从事境外证券投资，投资规模不受《个人外汇管理办法实施细则》规定的年度不超过 5 万美元的购汇总额限制。第二，通过中国银行天津市分行和香港中银国际证券有限公司办理，投资者应在中国银行天津市分行开立个人境外证券投资外汇账户，并委托其在香港中银国际证券有限公司开立对应的证券代理账户。第三，试点初期，投资者可投资香港证券交易所公开上市交易的证券品种。第四，人民币购汇投资的本金和收益可以保留外汇，也可以在开户行结汇。自有外汇投资的本金及收益如需结汇的，应按照《个人外汇管理办法实施细则》的相关规定办理。第五，实行投资者风险自担原则，业务办理机构应如实向投资者提示投资风险，同时严格内部风险控制，执行有关法律法规，完善信息披露机制，保障投资者合法权益。

但是政府后来基于以下考虑，没有开通港股直通车：第一，如果容许部分国内资本自由流通，需要有相关的法律加以监管。港股直通车的实质意义就是允许一部分国内资本的自由流动。但是中国的资本全流动还需要有相当长的时间，必须有相应的法律法规加以监管，否则会引起中国资本市场发生大的波动，这会给经济带来不良的影响。第二，考虑到对香港股市的影响。大量资金涌入香港资本市场，给香港股市带来的影响要作科学的判断和分析。第三，对股民进行风险教育。许多股民对国内市场还了解得不是十分清楚，对香港股市的了解就更有差距。第四，咨询有关金融机构的相关意见，包括要听取香港金融当局的意见①。

（二）完善交易机制，保证市场的平稳运行

为了提高市场的稳定性，交易所可以针对主板市场股票价格异常波动的情况实行盘中临时停牌。上海证券交易所制定《关于进一步加强股票交易异常波动及信息披露监管的通知》主要涉及三条规则：第一，当日无价格涨跌幅限制股票的盘中交易价格，较当日开盘价上涨 100% 以上或下跌 50% 以上的，属于异常波动，上海证券交易所可对其实施盘中临时停牌。临时停牌时间不超过 30 分钟，复牌时间以交易所公告为准。第二，当日有涨跌幅限制的 A 股，连续 2 个交易日触及涨（跌）幅限制，如其间同一营业部净买入（净卖出）该股数量占当日总成交股数的比重达到 30% 以上，且上市公司未有重大事项公告的，属于异常波动，上海证券交易所可对其实施停牌，直至上市公司作出公告当日的上午 10:30 予以复牌。第三，ST 股票、*ST 股票和 S 股连续三个交易日触及涨（跌）幅限制的，属于异常波动，上海证券交易所可对其实施停牌，直至上市公司作出公告当日的上午 10:30 予以复牌。

对于中小企业板股票上市首日的价格波动，深圳证券交易所发布《关于进一步加强中小企业板股票上市首日交易监控和风险控制的通知》，呈现三大特点：第一，增加了临时停牌次数，延长了停牌时间。除原有的盘中波幅达到 ±50% 和 ±90% 各停牌 15 分钟外，增加规定盘中涨幅与开盘涨幅之差首次达到 ±150% 和 ±200% 时，深圳证券交易所对其分别实施临时停牌 30 分钟的风险控制措施。第二，强化了交易监控的手段。深圳证券交易所市场监察部门将密切监控上市首日的委托和交易，对出现通过大笔集中申报、连续申报、高价申报等方式影响证券交易价格或者证券交易量的重大异常交易情况的账户，将采取限制交易、上报中国证监会查处等措施，并对盘中限制交易措施规定了特殊的实施程序。第三，强化了证券公司在新股上市首日合规交易和风险控制中的责任与义务。该通知要求证券公司应切实加强对投资者风险教育和交易行为的规范与指导，并积极配合交易所的自律监管

① 引自国务院总理温家宝 2007 年 10 月底在乌兹别克斯坦首都塔什干的讲话。

工作；对不尽责配合的证券公司，深圳证券交易所将依据有关规定给予其纪律处分。在中小企业板上市的"东华科技"成为首只采用上述三个风险严控措施的新股。

（三）强化对高风险品种的管理，防止过度投机

针对权证市场价格过度波动可能引发的风险，监管部门采取多种措施加强对此类高风险品种的管理。

1. 建立权证创设机制

根据 2007 年 7 月上海证券交易所发布的《上海证券交易所权证业务管理暂行办法》，权证创设新机制已完全市场化。创设人根据权证和正股价格及其变化趋势、自身净资本实力、风险管理要求等因素，自主决定创设数量。当权证价格高估时，可通过创设机制增加供应量，自动平抑价格。新创设机制与境外成熟权证市场持续发售、自由发行机制一样，对提高权证定价效率有重要意义。

案例：招行认沽权证创设

招行认沽权证 2006 年 3 月 2 日上市之初，一直存在券商创设，由于权证价格相对理性，创设量适中，截至 2007 年 5 月 17 日，券商共创设招行权证 2.73 亿份。但伴随 5 月末以来的权证炒作风潮，从 6 月 7 日到 6 月 12 日短短几天时间内，内在价值几乎为零的招行认沽权证从 0.6 元上涨到 3～4 元，大幅度偏离其内在价值。在这种情况下，有资格的券商大量创设该权证并在市场卖出。6 月 20 日，招行认沽权证迎来历史上规模最大的券商创设上市浪潮，当日有 15 家创新类券商创设合计约 12.27 亿份招行认沽权证获准上市，上市总规模达到招行认沽权证当时流通总规模的 1/3。15 家券商共同创设，市场机制对权证市场的非理性炒作行为产生遏制作用，使得招行权证连续下跌，实现价值回归。

2007 年共有 26 家券商创设了权证，合计创设数量高达 165.99 亿份，同时也注销了 63.01 亿份创设出的权证。这两个数字分别比 2006 年所创设的 24.8 亿份与注销的 27.3 亿份整整多出了 5.69 倍与 1.3 倍。据民族证券估算，前六名券商在 2007 年所创设的权证共计 89.73 亿份，占了近总额的 1/3，这 26 家券商在权证创设这块业务上共计获利高达 263 亿元。

2. 对权证交易实行价格波动幅度限制

上海证券交易所针对年中权证交易价格的巨幅波动，及时采取系列措施加强监管，及时调查、发现、制止权证异常交易行为。针对一些营业部的个人投资者账户频繁大量连续申报买入、卖出，助推权证价格异常变动的情况，上海证券交易所迅速对有关营业部和账户进行调查，警告少数投资者不得故意拉抬或试图操纵价格。对权证回转交易次数特别多、交易量特别集中的营业部，上海证券交易所对其进行书面警告，并要求券商加强客户管理，报告并制止可疑交易。

　　针对临到期深度价外认沽权证普遍出现大幅波动、过度炒作的现象，深圳证券交易所10月25日发布了《关于进一步加强"中集ZYP1"等深度价外权证交易监控的通知》，调整"中集认沽权证"的涨跌幅限制，即从10月30日起实行价格涨幅限制，不实行跌幅限制。该通知规定，中集认沽权证的价格涨幅限制将根据其前收盘价格范围进行调整：（1）当前收盘价格在0.100元以上（含0.100元）的交易日，价格涨幅比例为10%；（2）当前收盘价格在0.010元至0.100元（含0.010元）的交易日，价格涨幅比例为20%；（3）当前收盘价格低于0.010元的交易日，价格涨幅比例为50%。该通知同时规定，对其他深度价外权证也将采取类似措施，具体实施时间和事项另行通知。

四、规范上市公司行为，维护市场"三公"原则

（一）暂停A股上市公司引入战略投资者

　　由于A股市场一二级价差的持续存在，国外证券发行中引入战略投资者这一成熟的做法在国内却成为个别市场主体"寻租"的温床。为维护市场公平，从2007年下半年开始，A股上市公司引入战略投资者工作暂停。例如，建设银行公布回归A股的招股意向书中就未出现战略投资者身影，这在以往发行近90亿股规模的情况下并不多见。同样，北京银行、南京银行、宁波银行首次公开发行也没有战略投资者参与配售。

（二）加强上市公司信息披露，特别是交叉持股信息

　　结合新会计准则实施，推动上市公司财务信息真实、有效披露，2007年2月1日，证监会发布《上市公司信息披露管理办法》，随后针对季报、年报的披露内容和格式以及财务信息更正等具体事宜修订出台了新的《公开发行证券的公司信息披露编报规则》作为操作指南。《上市公司信息披露管理办法》和新的《公开发行证券的公司信息披露编报规则》一是梳理现行信息披露规范性文件，进一步提高年报、中报、季报的披露要求，以增强披露的有效性、针对性；二是指导证券交易所修订上市规则；三是修订特殊行业披露细则，如银行、保险、证券、房地产等特殊行业的定期报告编报规则；四是制定控股股东以及实际控制人行为规范指引，上市公司内部信息披露事务管理细则，董事、监事及高级管理人员的行为规范指引等。

　　上市公司及其他信息披露义务人对公司证券及衍生品种发生异常波动及出现媒体传闻负有关注义务。上市公司应当及时向相关各方了解情况，主要股东、实际控制人及其一致行动人等相关信息披露人应及时回复上市公司对相关情况的问询。

　　沪、深交易所要求，7月7日开始披露的半年度报告摘要"其他重大事项及其影响和解决方案的分析说明"中，要求上市公司分别披露公司持有其他上市公司发行的股票和证券投资的情况，以及参股非上市金融企业、拟

上市公司的情况。据市场不完全统计，2007 年 6 月底，上市公司交叉持股为 340 例，上市公司参股上市及非上市银行 361 例，参股上市及非上市的保险公司 68 例，参股上市及非上市的综合类券商 270 例，参股经纪类券商 8 例，参股上市及非上市的信托公司 68 例，参股基金管理公司 20 例。这些程度不同的持有其他公司股权的上市公司家数合计为 1 135 例，占整个上市公司家数的 70% 以上。

（三）完善市场监管法规，加强对市场操纵和内幕交易行为的监管

适应股份全流通后股票市场的新情况，试行《内幕交易认定办法》和《市场操纵认定办法》，进一步明确内幕交易和市场操纵行为的认定标准。相关规定细化了内幕人的认定，补充了内幕人、内幕信息的范围，对当然内幕人、法定内幕人、规定内幕人和其他途径获取内幕信息者的举证责任进行了合理划分。将一些典型的操纵手法，如虚假申报、抢先交易、蛊惑交易、特定交易、尾市交易操纵等行为纳入了认定范围。相关规定的试行有利于提高对内幕交易和市场操纵行为的查处效率，增强对相关行为人的威慑力。特别是针对 2007 年上市公司股权转让、并购重组过程中多次出现的内幕交易等违法违规行为，监管部门出台了一系列专门性法规，进一步强化了对上市公司和相关各方的信息披露要求，加大了对虚假信息披露和内幕交易等违法犯罪行为的打击力度。

案例：加大对市场操纵和内幕交易等违法违规行为的查处

2007 年 4 月 30 日，证监会发出对杭萧钢构信息披露违法违规行为的行政处罚决定书，这是《上市公司信息披露管理办法》自 2007 年 1 月 30 日实施以来立案稽查的首例信息披露违法违规案。决定书称杭萧钢构未按规定披露信息行为，涉及事实有二：一是 2007 年 1 月至 2 月初，杭萧钢构与中国国际基金有限公司就安哥拉住宅建设项目举行了多次谈判；二是安哥拉项目合同金额巨大，均应予披露而未披露。

4 月底，S 北海港董秘杨延华因以接受记者采访的形式代替公司公告而违反《深交所股票上市规则》信息披露有关规定，遭到深圳证券交易所公开谴责。这是深圳证券交易所首次单独对身为上市公司信息披露负责人的董事会秘书违规行为进行公开谴责处分。

5 月 29 日，证监会通报了拟对广发证券借壳延边公路有关当事人进行行政处罚的相关事宜，表明监管部门正在加大力度打击证券市场违法违规行为。证券交易所已经建立重点交易账户的监控制度，并采取适时限制交易的措施，等等。

（四）加强中小企业板上市公司内部审计工作，提高管理规范性

深圳证券交易所发布《中小企业板上市公司内部审计工作指引》，提出了内部审计工作的基本要求，主要包括明确规定内部审计部门的职责、内部审计工作的重点领域、内部审计工作底稿的编制和保存要求等。

该指引对内部审计工作的具体实施进行了规范，明确要求内部审计部门在重要的对外投资、购买和出售资产、对外担保、关联交易等事项发生后及时进行审计，并针对上市公司在上述重要事项中暴露问题较多的环节，从内部控制的角度提出了内部审计工作应重点关注的内容。

该指引要求上市公司建立自查机制，由内部审计部门负责审查和评价内部控制的有效性，并及时提出改进建议。

2007 年 9 月中旬，中国证监会通知境内上市外资股公司，即 B 股公司，将不再需要境内外双重审计。这意味着中国在 B 股上市的境内公司在发行环节以及以后的财报审计中都不再被强制聘请境外会计师事务所，股东可根据需要自行选择。

五、加强证券公司风险监管，推动证券公司建设合规管理制度

2007 年 7 月初，证监会向派出机构下发《证券公司分类监管工作指引（试行）》和相关通知，标志着"以证券公司风险管理能力为基础，结合公司市场影响力"的全新分类监管思路进入落实阶段。《证券公司分类监管工作指引（试行）》规定，根据证券公司风险管理能力评价计分的高低，将证券公司分为 A（AAA、AA、A）、B（BBB、BB、B）、C（CCC、CC、C）、D、E 5 大类 11 个级别。其中，A、B、C、D 四大类根据全部正常经营公司评价计分的分布情况，以中间值为基准，按照一定的分值区间确定。根据监管思路，《证券公司分类监管工作指引（试行）》在证券公司风险管理能力方面确定了证券公司资本实力、客户权益保护、合规管理、法人治理、内部控制和公司透明度 6 类共 69 个评价指标，以体现证券公司对潜在风险的控制和承受能力；在证券公司市场影响力方面，则确定了证券公司的业务规模、市场占有率、盈利能力等方面的行业排名指标。

证监会推动证券公司建设合规管理制度。合规风险关系到证券公司的生死存亡，因此，合规监管的着眼点是在保证证券公司的规范运作，看证券公司能否形成有效的风险控制制度，要求券商每一个部门设立"报警点"，一旦风险达到"报警点"，合规部门就会要求该部门作出检查。券商合规管理嵌入到各项业务流程中，涵盖公司的全部经营管理活动、全部分支机构和职能部门。

按照"分批指导证券公司设立合规总监、建立合规管理制度"的指导原则，被确定为试点的 6 家证券公司分别是中金公司、广发证券、海通证券、平安证券、国金证券和泰阳证券。证券公司合规总监和合规部门的工作内容主要有 6 项：对公司的制度进行合规把关；对公司重大业务、重大决策进行合规审核；进行合规监控和合规检查，提交合规报告，实时发现公司在日常经营中存在的潜在问题并督促解决；组织合规培训，培育合规文化；为公司其他部门和人员进行合规咨询；与监管部门进行沟通和协调。

六、进一步加强股指期货等新产品创设的基本制度建设

（一）监管体系建设

国务院发布《期货交易管理条例》，证监会发布《期货交易所管理办法》和《期货公司管理办法》，规定期货交易所引入会员分级结算制度，并规定了期货公司进行金融期货经纪业务的资格；《期货交易所管理办法》允许期货交易所采取股份有限公司的组织形式，期货交易所实行会员分级结算制度，期货交易所只对结算会员结算，非结算会员由具备资格的结算会员为其结算；实行会员分级结算制度的期货交易所，建立结算担保金制度。《期货公司管理办法》对期货公司从事金融期货经纪业务资格进行了规范，进一步明确了资格的申请条件、申请材料及其程序等。配合金融期货创新，证监会推出三个规范性文件，即《期货公司金融期货结算业务试行办法》、《证券公司为期货公司提供中间介绍业务试行办法》和《期货公司风险监管指标管理试行办法》。

财政部和证监会联合发布了《关于会计师事务所从事证券、期货相关业务有关问题的通知》，对会计师事务所从事证券、期货相关业务实行资格管理。

股指期货跨市场监管机构进驻上海。2007 年 8 月 13 日在中国证监会统一部署和协调下，上海证券交易所、深圳证券交易所、中国金融期货交易所、中国证券登记结算公司和中国期货保证金监控中心公司五方在上海签署了有关联合监管协议，标志着股票现货市场和股指期货市场跨市场监管协作体制框架正式确立。12 月，针对股票与股指期货的跨市场监管机构进驻上海，表明股票和股指期货跨市场监管协作协议有了正式工作载体。

（二）交易制度的建设

深圳证券交易所已完成了包括股指、股票和 ETF 三种基础资产的期货和期权的方案设计，并且具备了完整的规则体系和风险控制制度；完成了技术系统准备，具备了国内唯一能够交易个股期货、ETF 期货和金融期权的系统。

七、监管机构自身制度建设和完善

（一）取消部分行政审批项目

证监会进一步转变思维模式，坚持对关系到重大市场风险事项的审批，减少对市场主体行为的审批，从总体上把握行政审批项目的适度性，管好关键的事项、机构和人员，同时逐步通过强化日常检查和事后调查处罚力度，加大对市场参与者的约束。为了提高资本市场监管绩效，证监会充分发挥包括派出机构、行业协会以及交易所等在内的全系统资源，能够下放给派出机构的行政审批事项积极予以下放，发挥派出机构辖区监管的优势，减少审批

环节，简化审批程序，方便申请人；能够进行自律管理的，授权行业协会、交易所等完成，提高资本市场自我监管的能力，促进资本市场监管的市场化进程。2007 年 12 月，证监会公布取消 8 项行政审批项目，这是自 2002 年年底以来证监会第四次公布取消行政审批项目。这 8 项取消的行政审批项目分别为：证券公司类型核定；境内上市外资股（B 股）公司非上市外资股上市流通核准；开放式基金广告、宣传推介核准；网上证券委托资格核准；国有企业开展境外期货套期保值业务资格的审批；期货经纪公司持有 10% 以上股权或者拥有实际控制权的股东资格核准；上市公司暂停、恢复、终止上市审批；封闭式基金份额上市交易核准。

（二）加强交易所会员制度建设

沪、深证券交易所分别发布《上海证券交易所会员管理规则》、《深圳证券交易所会员管理规则》，在总结会员监管工作实践的基础上，明晰会员管理内容，丰富会员管理手段，为规范会员证券交易行为、维护市场秩序、保护投资者利益提供了基本行为规范。管理规则明确了会员代表制度、会员报告制度、证券交易所监管措施等内容。对于会员应当申请终止会员资格而不申请的，管理规则规定证券交易所可以主动取消其会员资格，使证券交易所可以据此加大对已经被取消证券经营业务许可的风险处置会员的清理力度。

2007 年 12 月，深圳证券交易所公布《深圳证券交易所纪律处分程序细则》，成立专门的纪律处分委员会，统一履行纪律处分职责。该细则规定，纪律处分委员会采取纪律处分审议会议的形式开展工作；每次审议会的参会成员为 7 名，由会议秘书在会议前根据案件类型在纪律处分委员会委员中按具体业务监管人员及法律专业人员搭配的原则随机抽取产生；纪律处分委员会委员独立履行职责，不受任何单位和个人的干涉。

（三）投资者保护机制基本确立

2007 年 4 月，证监会发布《证券公司缴纳证券投资者保护基金实施办法（试行）》及相关通知，规定了证券公司缴纳保护基金实行差别缴纳比例。保护基金公司根据中国证监会对证券公司的监管分类，确定各证券公司缴纳保护基金的具体比例，报中国证监会批准，并按年进行调整。依照《证券投资者保护基金管理办法》的规定，证券公司应当按其营业收入的 0.5% ~5% 向保护基金公司缴纳保护基金。

12 月 26 日，国内证券市场第一个以投资者保护为主题的网站——中国证券投资者保护网正式开通上线。

"证券投资者保护条例"草案经过约两年的反复研讨、修改，日前已进入相关审核阶段。草案的主要内容是通过行政、司法手段加大对中小证券投资者的保护力度；证券投资者保护基金最终将走向市场化，管理方式将转变到动态的绩效导向上来。"证券投资者保护条例"是证券市场"两法四规"的组成部分。

第三节　股权市场 2008 年展望

源于 2007 年股权市场资产价格和实际价值较大幅度的偏离、投资者投资于国内外股权市场面临的已有风险或损失，2008 年股权市场金融创新将紧紧围绕资产价格与价值的回归和投资者风险管理这两个核心，可能会尽快推出创业板和股指期货，部分解决 2007 年市场存在的问题。

一、新股发行机制

在现有的新股发行机制下，巨额资金囤积一级市场，追逐几乎毫无风险的新股申购暴利。建设银行发行时冻结资金超过 2.5 万亿元，中国神华冻结 2.65 万亿元，中国石油竟冻结 3.3 万亿元。新股上市首日平均涨幅，2006 年是 83%，2007 年高达 140%，其中拓邦电子、宏达经编、中核钛白上市当日竟分别暴涨 577%、538%、500%。

新股发行市盈率越定越高，从源头上为二级市场定价带来困难，也使股市中大机构与小散户之间利益不均的矛盾日益加重。如中国银行 2006 年 7 月 5 日上市发行市盈率是 24 倍，兴业银行 2007 年 2 月 5 日上市发行市盈率是 32 倍，中信银行 2007 年 4 月 27 日上市发行市盈率是 59 倍，中国远洋 2007 年 6 月 18 日发行市盈率是 98.67 倍。

改变现有的发行机制，从源头上让股票的价格回归价值，倡导理性、科学的投资理念，将是我国股权市场参与各方 2008 年需要思考的重要问题。

二、QDII 产品的进一步发展

虽然对投资基金 QDII 的考核应该是长期的，但蒙受巨大损失的投资者不得不怀疑基金 QDII 的投资价值。截至 2008 年 1 月 11 日，华夏全球精选单位净值为 0.869 元/份，上投摩根亚太优势单位净值为 0.876 元/份，嘉实海外中国单位净值为 0.859 元/份，南方全球精选单位净值为 0.915 元/份，4 只已经"出海"的基金 QDII 整体亏损已达到 144.3 亿元。

从分散风险的角度，国内投资者有必要把部分资产放到国际市场，在全球范围内组合配置，但是配置的国度和时机却是一个需要认真对待的问题。

第六章　2007 年保险产品创新报告

□陈国力①

　　2007 年是近年来保险业发展形势最好的一年，保险市场保持了增长较快、结构优化、效益提高、协调发展的良好态势。全行业累计实现保费收入 7 035.8 亿元，同比增长 25%。其中，财产险保费收入 1 997.7 亿元，同比增长 32.6%，占总保费收入的 28.4%；寿险保费收入 4 463.8 亿元，同比增长 24.5%，占总保费收入的 63.4%；健康险保费收入 384.2 亿元，同比增长 2.4%，占总保费收入的 5.5%；意外险保费收入 190.1 亿元，同比增长 17.4%，占总保费收入的 2.7%。截至 2007 年年底，全国共有保险公司 110 家，其中外资公司 43 家、中资公司 67 家，保险公司总资产达到 2.9 万亿元，行业整体实力和抗风险能力明显增强。

　　2007 年，随着社会主义市场经济体制的逐步完善和社会主义和谐社会建设的深入推进，保险业深入贯彻落实《国务院关于保险业改革发展的若干意见》，加快重点领域发展，加大创新工作力度，在农业保险、车险市场、责任保险和新型寿险等领域取得了较大进步，在监管制度建设方面更加完善，推动了行业又好又快发展。

第一节　农业保险领域

　　2007 年，保险业积极推动各级政府出台发展农业保险和涉农保险的各项政策和措施，使中央和地方政府在农业保险的政策补贴方面迈出实质性步伐。2007 年，中央财政首次对农业保险给予财政补贴，选择吉林、内蒙古、新疆、江苏、四川、湖南 6 省（区）的 5 种农作物开展保险保费补贴

---

① 经济学博士，副研究员，现供职于北京保监局。本文系个人观点，文责自负。

试点，主要农作物承保面积 1.4 亿亩，占试点地区播种面积的 70%。除了中央财政试点补贴的 6 省（区）之外，还有非中央财政农业保险费补贴试点的 24 个省、自治区和直辖市开展针对生猪、能繁母猪、家禽、役畜和当地主要农业作物的农业保险保费补贴的安排，使全年中央和地方财政的农业保险保费补贴金额达到 20 亿元。政策效应推动农业保险高速发展，全年农业保险保费收入为 53.33 亿元，同比增长 529.22%，占财产险业务的比例为 2.67%。

一、全国各地政策性农业保险试点不断扩大

农业保险是世界各国针对农业自然灾害采取的重要救济措施，是各国惠农政策的有效实现途径。2006 年国务院下发的《关于保险业改革发展的若干意见》（国发〔2006〕23 号）明确提出要"探索建立适合我国国情的农业保险发展模式，将农业保险作为支农方式的创新，纳入农业支持保护体系"。借国家政策春风，2006 年成为政策性农业保险的"破冰"之年，浙江、山东、广西、苏州等省市相继启动了农业保险试点。2007 年则是政策性农业保险在全国推广的一年，据不完全统计，各地启动或扩大农业保险试点的情况如下：江苏省政府办公厅于 4 月 11 日下发了《关于开展全省农业保险试点的通知》（苏政传发〔2007〕84 号）；吉林省人民政府办公厅于 4 月 19 日下发了《关于转发吉林省农业保险试点工作实施方案的通知》（吉政办明电〔2007〕63 号）；北京市政府于 4 月 24 日下发了《关于建立北京市政策性农业保险制度方案（试行）的通知》（京政办发〔2007〕27 号）；湖南省政府办公厅于 5 月 14 日下发了《关于开展农业保险试点工作的实施方案》（湘政办发〔2007〕12 号）；内蒙古自治区农牧业厅和财政厅于 6 月 12 日联合下发了《关于印发〈内蒙古农业保险保费补贴试点工作实施方案〉的通知》（内农牧种植发〔2007〕121 号）；陕西省财政厅、农业厅、陕西保监局于 7 月 2 日联合下发了《关于开展政策性农业保险试点工作的通知》（陕财办农〔2007〕70 号）；海南省政府第 121 次常务会议于 7 月 4 日原则通过了《关于建立我省农业保险体系的意见》、《2007 年我省农业保险试点方案》，启动或部署农业保险试点工作；山东省在 2006 年章丘市、临清市、寿光市 3 个地市开展小麦、玉米、蔬菜大棚和奶牛 4 个险种的政策性农业保险试点基础上，2007 年将试点扩大至全省16 个地市的 8 个险种。

总的来看，我国各省（区）在借鉴国际先进经验的基础上，结合我国国情和各地实际，建立了有中国特色的多层次体系、多渠道支持、多主体经营的政策性农业保险制度。主要特点有三：一是坚持政府推动、政策支持与市场运作相结合的经营原则，体现了公平与效率的结合；二是政府、保险公司、农户多方参与、共担风险，通过政府的介入突破了"农民买不起"或

"保险公司赔不起"的两难怪圈，实现了农业保险的可持续发展；三是根据各地自身的实际情况，积极探索多样化的经营模式，推动了各地的农业保险产品的创新。

下面以北京市政策性农业保险制度为例，对政策性农业保险制度的创新进行简要分析。

实施背景。2007 年 3 月，在总结历年试点经验、借鉴国际国内成功做法的基础上，北京市政府出台了政策性农业保险制度方案。5 月 30 日，市政府组织召开政策性农业保险启动大会，北京市农村工作委员会与人保北京分公司、安华农险北京分公司、中华联合北京分公司签订合作协议，正式实施政策性农业保险制度。

发展目标。"十一五"期间，政策性农业保险基本覆盖北京市主要种养业生产项目的 30%，重点开办果品、蔬菜、粮食、肉禽、奶牛等方面的政策性保险业务。

基本原则。一是农民自愿与政策引导相结合，二是保护农民利益与培养风险意识相结合，三是政府推动与市场运作相结合，四是农业保险与灾害救济相结合，五是农业保险与改善农村金融服务相结合。

制度架构。政策性农业保险制度为多方参与、风险分散、多层次的风险保障机制，涉及四个层面：第一层面，农民缴纳部分保费，承担部分风险，受灾出险后获得相应风险补偿；第二层面，保险公司按照合同约定承担农业风险损失；第三层面，再保险公司按照再保险合同约定承担农业风险损失中应分担部分；第四层面，建立巨灾风险准备金，用于补贴超出保险公司合同约定的农业风险损失。

运作方式。政策性农业保险制度采取政府引导、政策支持、市场运作、农民自愿的方式运作。建立政策性农业保险工作协调小组，主要负责协调推动有关政策和工作落实，由主管副市长任组长，市政府秘书长、主管副秘书长和市农村工作委员会主管领导任副组长，市农村工作委员会、发展和改革委员会、财政局、国有资产监督管理委员会、法制办公室、保监局、国税局、地税局、气象局等部门为小组成员。协调小组办公室设在市农村工作委员会，主要负责组织开展各项具体工作。

政策支持措施。一是财政补贴。财政给予参保农民 50% 的保费补贴，给予保险公司农险保费总收入 10% 的经营管理费用补贴。二是农业巨灾风险准备金。起步阶段，市财政每年按照上年农业增加值的 1‰，预提农业巨灾风险准备金。三是税收减免。免征营业税，并积极申请所得税减免政策。

政策效果。截至 2007 年年底，北京市政策性农业保险共为 5.1 万农户提供了 22.4 亿元的保险保障，支付赔款 5 717.4 万元，目前已覆盖全市主要种养业生产项目的 15%。

二、农村小额保险方兴未艾

小额保险是小额金融的重要组成部分，也是一种市场化的金融扶贫手段，在全世界发展中国家受到广泛重视。作为最大的发展中国家，中国低收入人群主要集中在农村地区，因此，我国的小额保险与"三农"保险在业务领域方面具有很大的一致性。一直以来，保险业在小额保险方面进行了积极的探索，开展了包括小额寿险、小额健康保险、小额财产保险和小额信贷保险在内的小额保险业务，所提供的风险保障已覆盖到"三农"的各个方面，包括农民的家庭财产、医疗、养老、意外伤害及农业生产等多个领域。农村小额保险正在成为扩大农村保险覆盖面、服务"三农"的有效途径和完善农村金融体系的重要手段。

以在农村市场网点最多的中国人寿为例，2007 年推出小额的"新简易人身保险"，在河北、河南、江苏等地试点销售，后在更多地区推广试点。该险种的主要特点是，以满足农民最关心、最需要、最直接的养老、意外伤害和医疗保险需求为出发点，注重回归传统保险的风险保障功能。截至 2007 年年底，"新简易人身保险"共取得销售收入 11.27 亿元，为 110 多万农民提供人身保险保障。中国人寿加大涉农小额保险产品开发力度，推出了一系列"农民听得懂、业务员说得清"的农村保险产品，如康宁终身保险、康宁定期保险，进城务工人员意外伤害收入保障计划（国寿无忧卡），为农民工开发的高危人员意外险产品，为申请小额贷款的农民开发的意外险和定期小额贷款产品，以及重大疾病保险、子女婚嫁金保险、村干部养老保险、被征地农民养老保险等，均受到广大农民的欢迎。

三、商业保险正在逐步成为农村地区政府转移支付的重要渠道

在发达国家，为提高效率和针对性，降低管理成本和中间环节损耗，政府转移支付经常要通过保险网络和渠道。为促进农村地区的和谐稳定，给农民生产生活提供"安全网"，保险业配合各地政府，发展政策性涉农保险，将财政资金转移支付"保险化"，以最大限度地发挥财政资金的支农惠农作用。比如，在防灾救助方面，保险业协助政府部门在福建、浙江两地启动政策性农村住房保险制度，对于提高农民群众的灾后重建能力起到了很好的作用。在农村医疗和养老保险方面，保险业发挥商业机构的专业优势，积极参与新型农村合作医疗试点和被征地农民养老保险，实现了社会公平和市场效率的有效结合。2007 年，保险业积极配合政府的和谐社会主义新农村建设，加大产品和制度创新力度，充分发挥了保险作为市场化的社会互助机制、风险管理机制、利益调整机制和社会稳定机制的作用。

比如，广西壮族自治区决定从 2007 年起，由自治区、地（市）、县（市、区）三级财政共同出资为全区农村重点优抚对象、分散居住的五保供

养对象和特困群众约 65 万户的住房统一办理商业保险。每户农房的保险金额为 3 000 元，全区总保险金额为 19.2 亿元。当被保险的房屋发生火灾、爆炸，或遭受台风、暴风、暴雨、洪水等自然灾害的侵害发生损失时，保险公司将按照保险合同的约定，对维修费用或重建费用给予补偿。统一保险所需的保险费全部由政府财政负担，自治区、地（市）、县（市、区）三级财政分别按 50%、20% 和 30% 的比例进行分摊。

再比如，2007 年以来，中国人寿浙江分公司在温州市开展村干部综合保险试点。村干部综合保险采取"县级财政补一点、乡镇财政出一点、村干部个人掏一点"，三方各按 30%、40% 和 30% 的比例支付保费；设定了最低保障额度，即身故保障 1 万元、意外医疗保障 1 万元、住院补贴每天 30 元；政府财政部门还拨付特别款项支援贫困地区村干部参保。截至 2008 年 2 月底，温州市共有 2 万名村干部投保，参保率达 78.1%，保费收入 1 224 万元，已向 526 人赔付 168 万元。中国人寿浙江分公司在产品设计中充分考虑地区经济差异，推出多险种灵活组合模式，满足不同层次需求。对于相对贫困的地区，主推"基本套餐"，包括团体人身保险、团体意外伤害保险和附加意外医疗，重点保障意外伤害和疾病医疗；对于相对富裕的地区，兼顾意外伤害、疾病医疗和养老需求，在"基本套餐"基础上增加养老保险，提供相对全面的保障计划。

第二节　车险服务和管理领域

在财产保险中，机动车辆保险是发展最快的业务之一。1980—2007 年的 27 年间，全国车险业务保费收入从 728 万元猛增到 1 484.3 亿元，占产险公司保费收入的 71.1%，车险业务成为各产险公司主要业务来源和市场竞争焦点，由此造成的车险恶性竞争和不规范经营问题同样突出。机动车交通事故责任强制保险（以下简称交强险）制度实施以来，特别是进入 2007 年后，社会各界有关交强险的实施规则、交强险费率等争议颇多，保险监管部门认真听取各方面意见和建议，主动披露相关数据，使交强险制度的完善和发展惠及人民群众。保险业利用交强险实施的平台，建立费率浮动机制和信息共享机制，通过"奖优罚劣"的费率经济杠杆手段引导人们遵守交通规则。北京、深圳、江苏、福建、广东等地保险业还与交警部门合作，建立轻微交通事故快速处理和保险快速理赔机制，对提升城市道路交通管理水平发挥了积极作用。下面以北京保险业在车险服务和车险管理领域的创新发展为例进行说明。

一、交强险无责赔付简化处理机制

2006 年 7 月 1 日交强险实施以后，为简化交强险无责方理赔手续，提高理赔效率和服务水平，北京保险行业协会牵头，组织各家保险公司研究建立了交强险无责赔付简化处理机制，至 2007 年 4 月在北京地区全面实施。交强险无责赔付简化处理机制是指，保险公司间签署协作协议，互相认可定损标准，执行统一的理赔操作流程。当投保交强险的机动车发生碰撞事故时，无责方只需提供有关索赔资料，由全责方的保险公司承担查勘、定损及垫付赔款的义务，然后由事故双方保险公司进行案件交换结算。交强险无责赔付简化处理机制具有"二大突破"和"二大创新"。"二大突破"，即保险公司间签署合作协议，相互代查勘、相互认可定损标准，首次实现保险公司间理赔服务的深度合作，首次实现保险公司间业务财务相互结算。"二大创新"，即建立了交强险业务单据交换中心，实现交强险无责赔付案件单据的公司间交换；建立交强险无责赔付案件信息交换平台，利用电子化手段，实现案件信息传递和确认。从实际运行看，交强险无责赔付简化处理机制有三大效果：一是保障了交强险的顺利进行。交强险实施初期，由于事故无责方需要赔付有责方 400 元的做法与公众传统的"有责赔付"观念相悖，公众对交强险制度有误解和抵触心理。简化处理机制采用灵活的方式，将无责方赔付的 400 元直接在保险公司内部进行化解，简化无责方理赔手续，在一定程度上消除了社会公众对交强险制度的误解，保障了交强险的平稳运行。二是提高了机动车交通事故理赔效率。从无责方原来需要花费一两天时间到两家保险公司办理索赔手续，简化到只需无责方车主签署授权书，提供相应单证，其余手续全部由全责方保险公司负责办理。三是维护了被保险人的合法权益。在简化处理机制实施前，不少无责方因对无责赔付不理解、怕麻烦，主动放弃索赔，这在一定程度上损害了无责方被保险人的合法权益。在简化处理机制实施后，无责方只需提供必要的材料，就可完成全部保险理赔，更好地维护了被保险人的合法权益。

二、车险交通事故快速处理、快速理赔机制

2007 年，北京市机动车保有量已经超过 300 万辆，车路矛盾日益突出，交通拥堵不断加剧，因交通事故造成的车辆拥堵更是司空见惯。据统计，2006 年北京市因交通事故造成的拥堵报警占总数的 20%，其中适用简易程序快速处理的事故又占事故总数的 98%。经过深入调研和广泛论证，北京市制定出台了《机动车交通事故快速处理办法（试行）》，于 2007 年 7 月 1 日起实施。配合交通事故快速处理办法，北京市保险行业建立完善交通事故快速理赔机制。一是简化事故车辆查勘定损流程，保险公司之间相互认可查勘定损结果，查勘定损一次完成，改变以往事故车辆要往返两家保险公司，耗时耗力的情况，提高了理赔效率。二是统一规范理赔资料，建立理赔材料的行业标准，简化理赔材料。针对不需要等候交警处理的单方事故，简化理赔手续。三是提高理赔纠纷处理效率。建立交通事故快速处理协调沟通机

制，对因涉及事故双方保险公司赔偿责任界定所产生的纠纷，由保险公司相互协调解决。2007年下半年，因交通事故造成的道路拥堵数量较上半年下降了43.6%，较2006年同期下降近60%。北京保险业通过快速处理的赔案累计36万余起，平均结案周期比2007年上半年缩短了50%，为营造和谐奥运交通环境作出了积极贡献，也得到了政府领导和社会各界的充分肯定。

三、机动车辆保险"见费出单"管理制度

车险业务的分散性使得保险公司在发展业务时对中介渠道具有高度的依赖性，中介渠道对客户资源的控制力不断提高，掌握了保险销售的主动权。以北京保险市场为例，2007年北京各产险公司通过专、兼业代理和经纪等中介渠道实现的车险业务占比达92.8%，特别是4S店等兼业代理渠道占比达到84.5%，而电话营销、门店销售、网络销售等新型销售方式的业务占比仅为6.7%，与中介渠道相比处于绝对弱势地位。2006年7月1日保险业实施的统颁条款，严格限定了条款费率、优惠幅度和手续费支付比例，使得各保险公司的车险产品趋于同质化，相似程度高，可替代性强，中介渠道成为面向消费者的车险产品直接提供者，而保险公司沦为保险服务的后方支持者。结果是保险公司不得不通过违规批单退费、虚挂应收保费、虚列营业费用、制造虚假赔案支付手续费等手段，绕过监管部门对于手续费和费率折扣的监控，进行恶性价格竞争。特别是通过虚挂应收保费形式支付高额手续费成为车险市场突出问题，严重影响了保险公司的数据真实性和财务稳定性。针对车险市场的不规范竞争，2007年北京保监局按照"标本兼治、重在治本"的工作思路，研究制定了车险"见费出单"管理制度，即产险公司财务系统或核心业务系统根据全额保费入账收费信息，实时确认并自动生成唯一有效指令后，业务系统方可生成正式车险保单。车险"见费出单"制度确保了保费数据的真实性，彻底解决了困扰行业发展的应收保费问题，降低了保险公司财务风险，提高了资金效率和经营风险管控水平，有效规范了市场竞争行为，也受到财产险公司的一致欢迎。

第三节 责任保险领域

保险具有辅助社会管理的功能，特别是各类责任保险，有利于政府加强社会管理，妥善解决各种矛盾纠纷等社会问题，是推进和谐社会建设的重要手段。随着政府职能的深入转变和保险作用的日益显现，社会对校方责任险、雇主责任险、公众责任险、医疗责任险等各类保险需求不断扩大，责任保险服务领域不断拓宽。2007年全国责任保险保费收入突破60亿元大关，达到66.6亿元，同比增长18.92%，责任险保费占财产险业务的比例达3.33%。下面举例说明各地在发展责任保险方面的创新举措。

一、高危行业雇主责任保险

自 2007 年 4 月 1 日起，河南省高危行业雇主责任保险制度开始实施，全省近 2 万家高危企业、约 30 万名职工将享受到雇主责任保险的保障服务。

投保范围。在河南省行政区域内依法设立的非煤矿山企业、危险化学品生产经营企业和烟花爆竹生产经营企业，要按照《河南省高危行业雇主责任保险实施办法（试行）》投保雇主责任保险。

投保要求。规定最低责任限额，每人不得低于人民币 20 万元，鼓励企业根据自身需要增加保险金额和投保附加险，提高风险保障能力。要求企业全员投保，采用不记名方式的，由安全生产监督管理部门根据企业的生产条件、生产规模、设备能力等情况核定最低投保人数。

统一条款费率和保险责任。一是统一条款费率。河南省保险行业协会按照保障适度、价格合理、手续简便的原则，结合行业安全生产特点，设计了仅以死亡和伤残为保险责任的雇主责任险行业条款。二是实行浮动费率，对全年安全无伤亡事故的企业，续保时优惠 10%；对发生重大安全事故的企业，第二年续保时上浮 10%。三是限定保险责任。保险公司对投保企业所聘用的员工因工作原因受到意外事故伤害，在责任限额内承担经济赔偿责任，若实际人数小于或等于投保人数，按合同约定直接赔付；若实际人数大于投保人数，按投保人数占实际人数的比例计算赔付金额。四是规定理赔时限。发生死亡事故，保险公司依据安全生产管理部门出具的事故证明，在十个工作日内予以赔付；发生 3 人以上死亡事故，保险公司启动重特大事故紧急预案，预先进行赔付；发生伤残事故，保险公司依据劳动部门出具的伤残等级鉴定证明，在十个工作日内予以赔付。

监督管理和风险防范。该实施办法注重防范投保、承保和理赔三个环节可能存在的风险，并作出了相应的惩戒性规定。如对拒不投保的企业按未保证安全生产投入予以处理；对不严格执行条款费率、服务质量低下的保险公司，取消其办理雇主责任保险的资格；对于通过谎报或故意制造保险事故骗取保险金的，依法追究有关企业和个人的责任。

二、医疗责任保险

在旅游、火灾、安全生产、建筑质量等已与有关部委联合发文的领域外，2007 年中国保监会与卫生部和国家中医药管理局联合下发文件共同推进医疗责任保险。为缓解医患矛盾、维护正常医疗秩序、构建和谐医疗环境，各地政府纷纷出台措施，推动医疗责任保险发展。

2007 年 7 月 19 日，深圳市委市政府下发《关于深圳市推行医疗责任保险的意见》和具体实施方案，本着"政府推动、市场运作、分步实施"的原则，先行在全市国有非营利性医疗机构中强制推行医疗责任保险，并将各家医疗机构的投保数量作为第二年向财政申请经费的重要参考依据，下一步在其他医疗机构中全面推开。各级卫生行政管理部门负责组织辖区有关医疗机构参加医疗责任保险，国有非营利性医疗机构签订医疗责任保险合同后须向卫生行政管理部门备案，保险费可在医疗机构管理费中列支。医疗机构根据医疗卫生管理法律规范和医疗责任保险条款的规定，做好医疗过失的防范工作。各保险公司进一步加强医疗责任保险的专业化管理，建立专业人才队伍，按照"公平公正、保本微利"的原则，合理设计条款，科学厘定费率，研究探索医疗责任纠纷处理机制及手段，提高服务效率和水平。

在江苏保监局和省卫生厅的共同推动下，江苏省政府办公厅制定下发了《关于实施医疗责任保险的指导意见》（苏政办发［2007］69号），对在全省范围内实施医疗责任保险进行全面部署。主要做法：一是明确责任。卫生主管部门负责加强引导，推动医院参保医疗责任保险；司法机关在县（市、区）人民调解委员会中建立专业性的医患纠纷调解中心，聘请有关的临床医学、药学、医院管理、司法和保险等专业人员担任调解员，以人民调解的方式处理医患纠纷；保险监管部门负责指导保险公司做好承保、理赔等相关工作。二是政策支持。医患纠纷调解中心机构人员独立，运行费用由多方共担，并可作为保险费率的组成部分，鼓励地方政府给予适当的资助。三是加强合作。保险机构加强和卫生行政主管部门、医疗机构的沟通合作，通过提供医疗机构风险评估报告和保险理赔数据等方式，参与做好医疗安全评估标准和评价体系完善工作。省平安医院创建活动协调小组在《江苏省平安医院考核评价标准（试行)》中，把推行医疗责任保险制度、完善医患纠纷调处机制列为重要考核标准，权重达10%。四是实行差异化费率，探索费率浮动机制。保险公司按照不同规模、等级、性质的医疗机构和不同类别医务人员的医疗风险状况，科学厘定差异化的保险费率。探索建立与医疗责任险赔付率、医疗管理水平等挂钩的费率浮动机制。在下一年续保时，保险双方可根据上年的医疗风险综合情况，协商调整保险费率。

三、校方责任险

2007年5月印发的《中共中央、国务院关于加强青少年体育增强青少年体质的意见》明确提出，推行由政府购买意外伤害校方责任险的办法。政府对责任保险发展的重视和支持优化了保险业发展环境。例如，青岛市政府决定，自2007年起，财政每年出资600万元，为全市中小学及幼儿园投保校方责任险，于3月30日启动实施。青岛市公、民办普通中小学、幼儿园、中等职业学校、特殊教育学校在市教育局采用一张保险单统一投保。中小学校按在册人数缴纳保险费，每生每年5元，由市本级教育费附加全额列支。学生在校或学校统一组织的活动过程中，因学校疏忽和过失导致在册学生的人身伤害和财产损失，由保险公司按照每所学校每次事故最高赔偿限额500万元，每名受伤学生每年累计赔偿限额36万元进行赔偿。

四、农产品食用安全保险

随着我国经济的高速发展和人民生活水平的不断提高，食品质量安全问题日益成为人们关注的焦点。2006年上海曾发生"瘦肉精"中毒事件，一度造成市民消费恐慌。2007年上海安信农业保险公司推出国内首创的专门为猪肉产品提供食用安全保障的保险。安信保险与上海农产品中心批发市场经营管理有限公司签订国内首张"瘦肉精"保单，为上海近1/3的"白条猪肉"提供保额达1 000万元的食用安全保障。批发市场内近80户猪肉经营户参加保险，一旦消费者购买或食用这些经营户销售的猪肉，发生"瘦肉精"中毒群体性事件，安信农业保险公司将在三个工作日内先行赔付给肉食品批发市场，由批发市场将赔款直接送到零售终端或受害消费者手中。在履行赔偿责任后，安信农业保险公司再对事故责任方进行追溯。其后，为配合《中华人民共和国农产品质量安全法》正式施行，保险公司通过适当调整保费，又将该险种的保险责任扩展到几乎所有农产品因农药、兽药或者其他化学残留物质导致消费者食用后发生的群体性人身伤害事故，完善了突发性食品安全公共责任应急管理机制，为广大消费者在食用农产品过程中可能存在的风险提供了全面保障。

第四节　投资型保险领域

2007年是我国资本市场狂飙猛进的一年，人民群众的金融理财意识空前觉醒。资产价格上涨的财富效应同样传递给保险业，许多保险公司调整产品结构，开发和完善投资连结保险（以下简称投连险）和理财型家庭财产保险，保险的财富管理功能得到进一步挖掘，许多保险公司特别是外资保险公司借力投资型保险产品，不断刷新保费纪录，甚至因此改写了市场竞争的格局。以新型寿险产品为例，2007年，全国投连险实现保费收入393.8亿元，同比增长558.4%；万能险实现保费收入845.7亿元，同比增长113.4%。进入2008年，股市大幅调整，但以投连险和万能保险为代表的投资型保险热度不减，2月实现保费收入471亿元，同比增长284.3%，我国投资型保险开始进入一个新的发展时期。

一、投资型保险适应了人民群众兼顾保障和投资的理财规划需求

投连险是一种将投资与风险保障相结合的保险，被保险人在获得风险保障的同时将保费的一部分交由保险公司进行投资运作，所谓"连结"，就是将投资与人寿保险结合起来，使投保人既可得到风险保障，解决自身及家庭

的未来收入、资产安排问题，又可以通过强制储蓄及稳定投资为未来需要提供资金。保险公司为每个投保人单独设立投连产品的投资账户，主要投资于股票市场、债券市场、货币市场中的产品。投保人可以根据自己的风险偏好，把资金放在偏股型账户、混合偏股型账户、混合偏债型账户、偏债型账户、货币型账户等任何一个投资账户中。投连险主要体现"分账户专业投资、账户间灵活转换"的特点，专业分类的账户设置可以让客户自由选择投资风格与资产配比，并可根据市场变化进行灵活调节。万能险吸取了分红保险与投连险的优点，兼具保险保障和长期储蓄功能，其灵活的缴费模式、保险金额可调整、最低收益保证、超额收益随行就市等，对稳健型客户很有吸引力。

与传统寿险产品相比，投连险、万能险等投资型保险产品的保单利益直接与保险公司的投资收益挂钩，除保险保障外，其投资收益不固定，投保人或者自担风险，或者与保险公司共享利益、共担风险，投保人借助保险公司的专业投资能力和投资渠道，可以获得更好的投资收益。对保险公司来说，新型的投资型保险产品既可解决传统寿险产品资产与负债不匹配问题，又可化解低利率政策所产生的利差损失问题，避免跟着银行利率跑的被动局面，保险公司承担的利率风险和投资风险大大降低，增加了保险公司经营运作上的灵活性，资金运用效率更高。通过表 6 - 1，可以看出投资型保险产品与传统寿险产品之间的区别。

表 6 - 1　　　　　分红险、投连险、万能险与传统寿险的比较

项目种类	传统寿险产品	分红保险	投 连 险	万 能 险
投资风险	预定利率固定，风险公司承担	预定利率较低，客户、公司共担风险	预定利率无保证，客户承担风险	较低的保证利率，客户、公司共担风险
投资收益	预定利率一般较低	按盈余分配红利，红利不固定	由专门投资账户收益决定，波动性较大	有最低保证回报，高出部分客户、公司共享
资金运作	无专门账户，公司统一运作	专门账户，单独运作	专门账户，单独运作	专门账户，单独运作
现金价值	定价时确定	不固定，保底	随投资账户收益变化	受利率、死亡率、保费、收益影响
缴费方式	固定缴费	固定缴费	缴费灵活	缴费灵活
死亡给付	保险金额	保险金额与红利之和	取账户金额与保险金额较大者	账户金额与保险金额之和

项目种类	传统寿险产品	分红保险	投 连 险	万 能 险
业务管理	一般	红利计算复杂，精算、电脑、客户后援服务要求高	实务、精算、电脑、客户后援服务要求高	实务、精算、电脑、客户后援服务要求高
产品市场适应度	频繁变动利率，影响客户购买，保费低	有削减通货膨胀的作用，吸引客户购买	高风险高收益，适于风险偏好者	有保证收益，高回报，对客户有较大吸引力

二、保险公司针对细分市场推出适应不同客户需求的投资型产品

20 世纪末，以投连险为代表的投资型保险产品引入国内，由于在产品设计、信息技术、销售管理、业务监管等方面的不足和滞后，这类产品曾经出现过销售误导、大规模退保等风波。回头来看，保险行业得出的主要经验教训就是：第一代投连产品之所以出现问题，原因就是"在不合适的时间把不合适的保险产品卖给了不合适的客户"。随着我国人民群众理财需求从简单的储蓄到财务管理以及生命规划的转变，保险业通过自主创新、吸收创新和借鉴再创新等各种方式，不断地对已有的产品进行完善和更新，丰富产品种类，使投资型保险产品能够与消费者多变的需求相契合，满足不同层级、不同类型市场的需求。

比如，瑞泰人寿作为国内唯一一家专注投连险发展的外资保险公司，秉承"将合适的产品卖给合适的人"的理念，根据目标客户群开发和创新产品。2007 年 10 月 1 日瑞泰人寿推出 6 款新的投连产品，睿智之选、汇智之选、赢家之选、尊贵之选、智胜之选和安裕之选，针对不同的分销渠道量身定做，为目标客户群提供更好的长期理财服务。新产品主要有四个方面的变化，一是提高保障功能，二是减少前端费用，三是降低买卖差价，四是缴费更加灵活，提高了产品的市场竞争力。为切实防范销售风险，瑞泰人寿对产品设置门槛，新推出的趸缴产品最低保费为 5 万元，还推出了针对顶端客户、最低门槛 300 万元的投连产品。在销售前端，如果客户的资产状况和风险管理能力不适合购买投连险产品，则主动劝退客户，这与某些公司不计成本抢占市场份额形成鲜明对比。

三、保险公司通过产品升级为客户提供增值服务

投资型保险产品适合有一定财富积累，但没有更多时间去管理自己的财富，偏好长线投资的中高端客户。他们往往对费用非常敏感，对服务非常挑剔，总是希望自己的每一分钱都能"物超所值"。为此，保险公司为提高客

户忠诚度，不断根据市场变化改进产品和创新服务，希望以此增加产品的市场竞争力。

一是增加投连账户。泰康人寿为满足不同客户的理财需求，研究为投连产品增加 QDII 账户；瑞泰人寿突破传统按风险高低划分账户，准备按行业细分账户，以分享行业增长带来的利益；平安准备新增海外投资账户和货币账户，以分散和规避风险。二是推出定期定投类投连产品，引导客户长期投资理念。三是完善投资型保险产品的保障功能，逐步开发具有较高保障额度的投资型产品。四是增加产品功能，提高产品附加值，如平安人寿对投连账户估值由每周改为每日评估，完善电话交易和网上交易功能，每月提供账户信息和市场信息供客户参考等。五是进行渠道创新。华泰保险发挥多年来资产管理品牌优势，与中国工商银行合作发售"华泰稳健型交通意外保险"，采用"类基金"方式运作，将基金与保险融合起来，受到市场的热烈追捧。瑞泰人寿在继续保持与银行的合作关系之外，将加大对第三方理财等中介的投入，针对不同的中介公司开发不同的产品，采用不同的售后服务体系，实现对销售渠道从财务到技术上的支持。

第五节　保险监管制度更加完善

在以偿付能力、公司治理结构和市场行为监管为三大支柱的现代保险监管体系初步形成的基础上，中国保监会继续完善保险监管体系，提高了监管的有效性，保证了保险市场的稳定健康发展。

首先，组建中国保险业偿付能力监管标准委员会，出台"子公司、合营企业和联营企业"、"动态偿付能力测试（人寿保险公司）"、"年度报告的内容与格式"、"季度报告"四项保险公司偿付能力报告编报规则，并对原《保险公司偿付能力报告编报规则第 2 号：货币资金和结构性存款》进行了修订，将其更名为《保险公司偿付能力报告编报规则第 2 号：投资资产》。从组织上和制度上进一步提高我国保险公司偿付能力评估的科学性和偿付能力监管的效率，对我国建立以偿付能力监管为核心的保险监管体系，保险公司完善内部风险管理机制，促进保险市场又好又快发展具有深远意义。

其次，中国保监会在年内出台了《保险公司独立董事管理暂行办法》、《保险公司关联交易管理暂行办法》、《保险公司内部审计指引（试行）》和《保险公司风险管理指引（试行）》四项完善公司治理结构的规范性、指导性文件，进一步细化了 2006 年颁布的《关于规范保险公司治理结构的指导意见》的相关规定，增强了操作性和指导性，进一步完善了我国保险公司治理结构的制度体系，还通过了《保险公司合规管理指引》和《保险公司总精算师管理办法》两项规章。

再次，行业标准化建设取得较好进展。中国保险业标准化技术委员会在今年完成了用于规范保险业务管理的《保险标准化工作指南》、《保险术语（新增与调整部分）》、《保险基础数据元目录》、《保险行业机构代码编码规范》、《保险业务代码集》、《再保险数据交换规范》和《银行保险业务财产保险数据交换规范》。在开展和建立规范行业管理的基础性标准同时，保险业还在与社会大众切身利益相关的重大疾病保险和机动车辆保险的标准化建设中取得重要突破。2007年，我国保险业完成了《重大疾病保险的疾病定义使用规范》和新版机动车商业保险行业基本条款。《重大疾病保险的疾病定义使用规范》统一了重大疾病保险条款，明确了若以"重大疾病保险"命名的面向成年人的保险产品，其保障范围必须包括6种发生率最高的6种疾病，此外，还推荐和规范了19种发生率较高的疾病。新版机动车商业保险行业基本条款的正式启用，使相关保险公司可选择使用车险行业条款或自主开发车险条款，并可以在车险行业条款基础上开发补充性车险产品和其他特色车险产品。重大疾病保险和机动车保险都是市场需求量较大的保险产品，这两类产品的标准化对于维护消费者利益，规范操作、简化流程、方便投保、优化理赔，以及提升保险公司业务经营管理水平具有积极的推动作用。

最后，完善重点业务发展的规章制度。2007年，中国保监会颁布了《保险公司养老保险业务管理办法》。这是我国保险业第一部专门规范养老保险业务的部门规章，对于促进养老保险专业化发展、推动产品创新、规范市场行为、保护被保险人和受益人权益、改善外部环境，具有十分重要的意义。预计该办法出台的政策效应和积极的推动作用必将在今后一段时间内逐步显现出来。为规范投连险、万能险业务发展，2007年中国保监会发布了《关于印发投资连结保险万能保险精算规定的通知》（保监寿险［2007］335号），对产品保障功能、费用结构进行了修改，原《关于印发人身保险新型产品精算规定的通知》（保监发［2003］67号）之《个人投资连结保险精算规定》、《个人万能保险精算规定》废止。自2007年10月1日起，保险公司应当按照新的精算规定报备和销售产品。为加强投连险销售管理，防范销售误导风险，中国保监会发布了《关于加强投资连结保险销售管理有关事项的通知》（保监发［2007］76号），对投连险销售人员资格、信息披露、电话回访等提出了明确的要求。

保险业的快速发展与持续的保险创新有着密不可分的关系。回头来看，我国保险业快速发展的历史就是行业创新的历史。保险业每一次大的创新，都带来了发展的飞跃。特别是以个人代理为标志的营销体制创新、以投资分红产品为标志的新型寿险产品创新、以银行代理保险为标志的销售渠道创新、以车险条款费率管理制度改革为标志的监管方式创新、以设立保险资产管理公司为标志的资金管理体制创新，都促进了保险业的跨越式发展。

目前，我国经济市场化程度不断提高、消费结构逐渐升级、老龄化社会的即将来临、全社会保险意识的不断增强等，既为保险业创造了良好的发展机遇，也对其提出了更高的要求。下一步应以农业保险、责任保险和商业养老保险为重点，推动重点业务和产品的创新和发展。

一是稳步推进"三农"保险，扩大保险覆盖面，积极扩大农业保险范围，做好政策性农业保险试点工作，探索建立农业保险再保险和农业巨灾风险体系；探索发展针对低收入人群的小额保险。

二是大力发展责任保险，积极扩大完善交强险制度，改进交强险理赔服务，提高服务质量和效率。

三是大力拓展企业年金市场，并在有条件的地区试点新型个人养老保障产品，推动保险业参与新型农村合作医疗、城镇居民基本医疗保险等社会保险经办服务，充分发挥保险的社会管理职能。

第七章 2007 年中国期货市场创新报告

□华仁海[①] 姜 全[②]

2007 年，中国期货市场异彩纷呈，受到前所未有的关注，期货市场在国民经济中的地位得到进一步提升，进入了一个新的发展阶段。中国宏观经济的快速发展，商品价格波动的加大，以及投资者热情的高涨，有力地推动了我国期货市场的快速发展。2007 年，全国商品期货市场交易火暴，共成交 40.97 万亿元人民币，创历史新高。2007 年，我国期货市场新品种上市速度明显加快，品种体系逐步完善，相继推出了锌、菜籽油、线型低密度聚乙烯（LLDPE）和棕榈油期货合约，成为近年来推出期货品种最多的一年。

2007 年，我国期货市场基础性制度建设进一步加强，《期货交易管理条例》等法规的颁布实施，标志着我国期货法律法规建设取得重大进展，期货市场的法制基础更加健全。2007 年，我国期货市场的运行环境得到进一步改善，期货市场日益规范，运行更加平稳，市场风险防范能力明显提高，期货市场在平滑实体经济大宗商品价格波动中的作用进一步显现。

2007 年是金融期货承上启下的一年。2006 年中国金融期货交易所的成立标志着中国金融衍生产品市场开始启动。2007 年的一系列准备工作，如金融期货相关法律法规的颁布实施、相关技术指引的颁布、会员体系的建设等，为包括股指期货在内的金融期货的推出奠定了良好基础。2008 年年初已经上市的准金融期货——黄金期货，以及即将推出的股指期货必将使中国期货市场更加繁荣。

---

① 南京财经大学金融学院教授，博士，E-mail：huarh@njue.edu.cn。

② 南京财经大学金融学院，E-mail：dinglj2005@yahoo.com.cn。

第一节 2007年期货市场回顾

一、2007年期货市场大事总结

表7-1列出了2007年中国期货市场发生的重要事件，从中可以对2007年中国期货市场的整体情况有所了解。

表7-1　　　　　　　　　　2007年期货市场大事

日　　　期	事　　　件
1月12日	中国期货业协会研讨期货经纪合同
3月23~24日	股指期货机构投资者培训拉开序幕
3月26日	锌期货在上海期货交易所上市交易
4月15日	《期货交易管理条例》及配套管理办法开始实施
4月20日	浙江永安期货和香港新鸿基证券合资在香港成立的中国新永安期货有限公司获得香港证监会的期货业务经营牌照
4月22日	中国证监会发布《期货公司风险监管指标管理试行办法》、《期货公司金融期货结算业务试行办法》、《证券公司为期货公司提供中间介绍业务试行办法》
5月29日	格林期货取得香港期货业务经营牌照，至此已有包括中国国际期货、广发期货、永安期货在内的四家期货公司取得香港业务牌照
6月3日	"期货行业纠纷调解机制座谈会"在北京召开
6月8日	菜籽油期货在郑州商品交易所上市交易
6月27日	中国金融期货交易所正式发布《中国金融期货交易所交易规则》以及配套实施细则
7月4日	中国证监会正式发布实施《期货公司董事、监事和高级管理人员任职资格管理办法》和《期货从业人员管理办法》
7月31日	塑料（线型低密度聚乙烯）期货合约在大连商品交易所上市交易
8月1日	中国证监会和财政部联合发布的《期货投资者保障基金管理暂行办法》开始实施
9月9日	国泰君安期货经纪有限公司和南华期货经纪有限公司成为国内首批获得金融期货全面结算业务资格的期货公司
9月11日	中国证监会批准上海期货交易所上市黄金期货
10月18日	《中国金融期货交易所金融期货业务系统技术指引》正式发布实施
10月29日	棕榈油期货合约在大连商品交易所挂牌交易
11月7日	上海期货交易所决定对结算银行客户回单实行标准格式
12月3~4日	第三届中国国际期货大会在深圳举行

二、2007 年期货市场回顾

1. 2007 年，全球金融市场的动荡对期货市场产生了直接影响

能源、黄金、美元三者关系的变动反映了国际货币定价基础之间相互制衡的关系，在美元贬值的背景下，能源、黄金甚至包括农产品等实物资源都在重新寻找新环境下自身定价的基准。

2007 年，美元大幅贬值，国际原油价格持续上涨，并一度突破 100 美元大关。原油价格上涨被视为推高通货膨胀的元凶，其造成的结果是：高油价使得各国加大替代能源的开发力度，农产品首先进入人类寻找替代能源的视野。与历史相比，2007 年国际农产品的大牛市并非是供应出现了严重问题，而是由需求主导的。高油价和农副产品价格的上升加大了全球性通货膨胀的压力，造成了两个结果：一是黄金价格的暴涨。2007 年黄金是除原油之外涨势最强劲的品种，国际名义金价目前已经突破了 1980 年的历史最高点 850 美元/盎司。虽然推动金价走高的因素非常复杂，既有供求方面的问题，也有其他方面的原因，但这些都不是主导性因素，起主导作用的仍然是通货膨胀所造成的保值性需求。二是利率提高。各国中央银行必须提高利率以应对通货膨胀，但利率的提高又引发了金融市场的动荡，发展到最后就出现了美国次贷风波，大量金融机构因此受到严重打击，全球股市重挫。次贷风波是 2007 年股市和基本金属重挫的导火线。面对"输入型通货膨胀"，中国政府在 2007 年始终以"碎步慢跑"的方式提高利率和存款准备金率，但这些手段都无法有效控制通货膨胀。同时，受人民币升值的影响，国内商品期货价格在通货膨胀利多和政策利空的夹缝中反复震荡。

2. 期货市场法律法规更加完善

2007 年 4 月 15 日《期货交易管理条例》正式实施，为股指期货及其他金融衍生产品的推出奠定了法律基础。同之前的《期货交易管理暂行条例》相比，《期货交易管理条例》有以下几个特点：一是拓宽了适用范围，从原来的商品期货交易扩大到商品、金融期货和期权交易。二是为期货公司正名，给予期货公司金融企业的身份，这不但是一种积极的认可，也将为期货公司进入金融市场带来切实的便利。三是允许金融机构从事期货业务，新出台的《期货交易管理条例》删除了金融机构不得从事期货交易、不得为期货交易融资和提供担保的禁止性规定，同时为了适应金融期货交易的结算特点，增加了期货交易可以实行现金交割的规定。四是要建立投资者补偿机制，设立期货投资者保障基金。

《期货投资者保障基金管理暂行办法》已于 2007 年 8 月 1 日起开始实施，这标志着我国在期货市场投资者保障制度建设方面迈出了实质性的一步，对促进我国期货市场稳定健康发展和金融期货的平稳推出将发挥重要作

用。同时，该办法的实施也有利于完善行业退出机制和风险公司的处置，促进市场淘汰和行业结构升级。

其他配套法规如《期货交易所管理办法》、《期货公司管理办法》、《期货公司金融期货结算业务试行办法》、《证券公司为期货公司提供中间介绍业务试行办法》和《期货公司风险监管指标管理试行办法》也已相继颁布实施。这些法规的颁布实施满足了期货市场发展的要求，为中国期货市场和期货行业的发展奠定了良好的法制基础。

伴随着市场基础性建设的加强，各市场主体行为的规范化程度不断提高，期货市场发现价格、套期保值和规避风险的功能逐步得到发挥。

3. 新品种上市速度明显加快

2007 年，是我国期货市场品种大扩容的一年，全年有 4 个新品种上市交易：3 月 26 日，锌期货在上海期货交易所上市交易；6 月 8 日，菜籽油期货在郑州商品交易所上市；7 月 31 日，塑料（线型低密度聚乙烯）期货合约正式在大连商品交易所挂牌交易；10 月 29 日，棕榈油期货在大连商品交易所挂牌交易。锌、菜籽油、塑料以及棕榈油期货的先后上市，使得商品期货品种由 2006 年年底的 12 个迅速增加至 16 个（不包括黄金期货）。相对股票市场对"扩容"风声鹤唳、草木皆兵的恐慌心态，期货市场对"扩容"的态度截然相反，四个新上市的品种，都受到生产企业、贸易商、期货经纪公司和普通投资者的热情追捧和广泛参与。上海期货交易所锌期货还被英国的《期货期权世界》杂志评为"2007 年度全球最受关注期货品种"。

4. 期货价格波动加剧，交易规模创历史新高

2007 年是全球商品期货价格剧烈波动的一年，原油、黄金的期货价格受供需、政治及其他因素的影响，创历史新高，农产品期货价格也大幅上升。

2007 年我国期货市场异常活跃，成交规模大幅提升，成交量和成交金额均创历史新高（图 7 - 1），全年共成交期货合约 728 426 794 手，累计成交金额 409 722.43 亿元，同比分别增长 62.06% 和 95.06%。

上海期货交易所 2007 年累计成交量为 171 127 666 手，同比增长了 47.25%，占全国期货市场成交总量的 23.49%；全年累计成交额为 231 304.66 亿元，同比增长了 83.43%，占全国期货市场成交总额的 56.45%。

郑州商品交易所 2007 年累计成交量 186 071 454 手，同比增长了 101.02%，占全国期货市场成交总量的 25.54%；全年累计成交额 59 172.38 亿元，同比增长了 86.12%，占全国期货市场成交总额的 14.44%。

大连商品交易所 2007 年累计成交量 371 227 674 手，同比增长了 54.23%，占全国期货市场成交总量的 50.96%；全年累计成交额 119 245.39 亿元，同比增长了 128.64%，占全国期货市场成交总额的 29.1%。

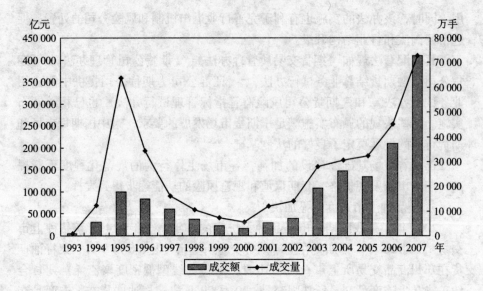

图 7 - 1　全国期货市场历年交易情况统计（1993—2007 年）

导致 2007 年期货市场交易额高速增长的主要原因有三项，即政策环境有利、周边市场火暴以及股指期货即将推出。在积极稳妥发展期货市场的政策背景下，《期货交易管理条例》颁布实施，期货投资者保障基金开始启动。与此同时，监管部门和期货交易所做了大量的基础性工作，包括市场培育、风险教育等，为期货市场的平稳健康发展奠定了基础。周边环境如证券和房地产市场的火暴，大大提高了广大投资者的投资意识。此外，股指期货即将推出也成为期货市场发展的重要推动力。

5. 期货公司掀起股权变更和增资扩股高潮

证券公司、上市公司等机构纷纷参股、控股和增资期货公司，掀起了期货公司股权变更、增资扩股的高潮。由于券商参与股指期货必须通过 IB 介绍业务模式，自 2006 年以来，期货公司股权结构发生重大变化，渐渐形成以券商控股为主的股东结构。同时，金融期货结算业务和以净资本为核心的风险监管体系，又对公司的资本实力提出更高要求，全行业的资本实力和抗风险能力大幅提升。截至 2007 年年末，有 43 家期货公司的注册资本达到或超过 1 亿元，全行业注册资本近 100 亿元，较 2006 年增长约 40%。

6. 黄金期货隆重登场

2007 年 9 月 11 日，上海期货交易所获准上市黄金期货，2008 年 1 月 9 日黄金期货正式上市交易（其合约如表 7 - 2 所示）。黄金期货的获准上市，不仅对于中国金融市场的发展来说是向前迈出了举足轻重的一步，而且对目前的中国经济环境来说也是一件重要的大事，表明国家对于中国期货市场十余年来发展的一种肯定和对未来发展寄予的期望。黄金虽然是贵金属商品，但在国际上更多认为黄金是属于金融产品，强调了它的金融属性。因此，从这个角度上来说，黄金期货的上市，将改变目前中国期货市场仅有商品期货的局面，使中国期货市场提前具备了准金融期货的概念。其重要意义一是有利于广大企业和投资者利用黄金期货发现价格和套期保值，提高风险管理水平，增强国际竞争力；二是有利于进一步完善黄金市场体系和价格形成机制，形成现货市场、远期交易市场与期货市场互相促进，共同发展的局面；三是有利于打击黄金变相期货交易，维护投资者的合法利益；四是增加了市场上的投资品种，为投资者提供了一个分散投资、降低自身投资风险的工具。

表 7 – 2　　　　　　　　　上海期货交易所黄金期货合约

交易品种	黄　　金
交易单位	1 000 克/手
报价单位	元（人民币）/克
最小变动价位	0.01 元/克
每日价格最大波动限制	不超过上一交易日结算价 ±5%
合约交割月份	1 ~ 12 月
交易时间	上午 9:00 ~ 11:30　　下午 1:30 ~ 3:00
最后交易日	合约交割月份的 15 日（遇法定假日顺延）
交割日期	最后交易日后连续五个工作日
交割品级	含金量不小于 99.95% 的国产金锭及经交易所认可的伦敦金银市场协会（LBMA）认定的合格供货商或精炼厂生产的标准金锭
交割地点	交易所指定交割仓库
最低交易保证金	合约价值的 7%
交易手续费	不高于成交金额的万分之二（含风险准备金）
交割方式	实物交割

黄金期货的上市，结束了我国没有金融期货品种的历史，大力推动并加速了我国金融市场发展改革的步伐，完善了中国期货市场交易品种，拓宽了投资者的投资渠道，分散了部分投资市场资金过度集聚的风险。

另外，黄金期货的金融属性决定了市场的交易者构成、交易方式和市场运行方式必然也必须具有与现存商品期货市场不同的特点。例如，我国实行分业经营的金融业管理模式，目前尚无商业银行、证券公司等大型金融机构参与商品期货市场的交易。然而，商业银行从事黄金交易由来已久，是国内外黄金市场的主要组成力量，是市场流动性的主要提供者。如果能借黄金期货上市的东风，允许大型金融机构参与黄金期货交易，发挥其人才储备充足、技术力量雄厚、定价能力强、风险管理模式成熟的优势，不但对黄金期货产品的成功运行具有重要作用，更对探索金融期货的运行方式、发展我国期货市场具有历史性的意义。

7. 股指期货制度和技术准备基本完成

自 2007 年 9 月中国金融期货交易所挂牌成立之时起，股指期货的筹备工作便拉开了序幕，各方面的准备工作有条不紊地进行着（表7－3）。

表 7－3　　　　　　　　股指期货 2007 年主要进程

日　期	事　件
4 月 7 日	证监会公布《期货公司金融期货结算业务管理暂行办法》、《期货公司风险监管指标管理暂行办法》和《证券公司为期货公司提供中间介绍业务管理暂行办法》草案
4 月 12 日	证监会发布《期货交易所管理办法》、《期货公司管理办法》
4 月 15 日	《期货交易管理条例》正式实施
4 月 22 日	证监会正式公布《期货公司金融期货结算业务试行办法》、《证券公司为期货公司提供中间介绍业务试行办法》及《期货公司风险监管指标管理试行办法》
4 月 25 日	期货公司金融期货经纪业务牌照正式申请启动
6 月 27 日	中国金融期货交易所正式发布《中国金融期货交易所交易规则》以及配套实施细则
7 月 13 日	银建期货、久恒期货首批获得金融期货经纪业务资格
7 月 26 日	瑞达期货第二批获准金融期货经纪资格
8 月 13 日	股票和股指期货跨市场监管体制确立
8 月 24 日	首张金融期货结算业务牌照问世
9 月 7 日	首批金融期货全面结算牌照发放
10 月 10 日	中国金融期货交易所会员建设工作正式启动
10 月 18 日	《中国金融期货交易所金融期货业务系统技术指引》正式发布
10 月 22 日	中国金融期货交易所首批两家全面结算会员出炉
11 月 12 日	中国金融期货交易所批准第二批 12 家会员单位
11 月 28 日	中国金融期货交易所批准第三批 17 家会员单位
12 月 10 日	中国金融期货交易所批准第四批 13 家会员单位
12 月 28 日	首张股指期货 IB 资格牌照出台

从 2007 年围绕股指期货所做的工作中可以看出，股指期货推出的条件已经成熟，具体表现在：（1）有关股指期货的法律法规体系已经基本建立，《期货交易管理条例》及相关管理办法的颁布实施为股指期货的推出扫清了障碍。中国金融期货交易所发布实施交易规则及相关细则，标志着该所的规则体系和风险管理制度已经建立，金融期货的法规体系基本完备。（2）技术方面也逐步完善。《金融期货业务系统技术指引》的正式发布意味着今后相关单位申请中国金融期货交易所会员资格在技术方面将有据可依。同时，

中国金融期货交易所围绕合约设计、风险控制、技术系统建设等方面做了很多工作，完成了整个股指期货技术系统建设。（3）在会员建设方面，中国证监会先后在2007年4月中旬和6月下旬公布了《期货公司金融期货经纪业务资格审批》和《期货公司金融期货结算业务资格审批》。中国金融期货交易所对各类会员单位的审批已全面展开，许多公司已取得了证监会批准的金融期货经纪和结算业务资格。（4）已经运行了一年多的仿真交易和遍及全国的投资者教育也为股指期货的正式推出打下了基础。

8. 外商可直接投资国内期货公司

国家发展改革委和商务部10月31日发布第57号令，公布并于2007年12月1日正式实施《外商投资产业指导目录（2007年修订）》，首次明确提出外商可直接投资国内期货公司，但必须中方控股，期货市场对外开放取得新进展。此外，国际期货、广发期货、格林期货、南华期货、永安期货、金瑞期货的香港分公司在相继获得香港证监会颁发的业务牌照后正式开业，为国内期货业进一步实施对外开放积累了宝贵经验。

9. 全国期货投资者教育活动全面、深入展开

在中国证监会的大力推动下，由期货交易所、行业协会、期货公司等市场各个层面组织的期货投资者教育活动在全国范围内全面、深入展开，教育对象从个人投资者到机构投资者，各种活动形式多样，内容丰富，效果显著，为迎接商品期货市场大发展和金融期货时代的到来打下了较为坚实的基础。

第二节　2007年期货市场创新

2007年国内期货市场进行了大胆探索，在品种创新、制度创新、服务创新、技术创新等方面取得了长足的发展。

一、品种创新

1. 锌期货

经中国证监会批准，锌期货合约（表7-4）于2007年3月26日开始在上海期货交易所上市交易。

我国是全球第一大锌生产国与消费国，但由于我国锌冶炼及加工企业的生产经营规模普遍较小，同时缺乏期货交易机制，因此，无论是在国际贸易活动中，还是在国内贸易活动中，只能参考伦敦金属交易所的价格，伦敦金属交易所的锌期货价格仍然是锌国际贸易活动的定价基础，我国企业在锌定价过程中的作用非常小，区域性的市场供需变化对国际锌价的影响极小。而近年来中国对国际市场的依赖程度日益加大，锌精矿及锌的国际贸易也在逐年大幅递增，尤其是在中国由锌的净出口国转变为净进口国之后，国际锌价

的波动幅度明显加大，这给我国的锌冶炼及加工企业的生产经营活动带来巨大的市场风险。

锌期货市场的建立为形成反映各方需求的合理价格奠定了基础，有助于提升中国作为最大锌生产国和消费国在全球市场上的定价能力和地位，我国锌的期货价格必将成为国际锌价的重要参考，中国市场的定价将更具效率。相关行业可通过期货市场远期价格预期锌产品未来的供求关系变化，合理配置资源。锌期货交易的推出，将为涉锌企业提供公平竞争的平台，促进产业升级，进一步推动我国锌产业健康稳定发展。

表7-4　　　　　　　　上海期货交易所锌期货合约

交易品种	锌
交易单位	5 吨/手
报价单位	元（人民币）/吨
最小变动价位	5 元/吨
每日价格最大波动限制	不超过上一交易日结算价 ±4%
合约交割月份	1 ~ 12 月
交易时间	上午 9:00 ~ 11:30　　下午 1:30 ~ 3:00
最后交易日	合约交割月份的 15 日（遇法定假日顺延）
交割日期	最后交易日后连续五个工作日
交割品级	标准品：锌锭，符合国标 GB 470—1997 标准中 ZN99.995 规定，其中锌含量不小于 99.995%
交割地点	交易所指定交割仓库
最低交易保证金	合约价值的 5%
交易手续费	不高于成交金额的万分之二（含风险准备金）
最小交割单位	25 吨
交割方式	实物交割

2. 菜籽油期货

2007 年 6 月 8 日，菜籽油期货合约（表 7 - 5）在郑州商品交易所挂盘交易。菜籽油期货在郑州商品交易所上市交易后，我国继印度、欧盟之后在世界上第三个拥有菜籽油期货。

菜籽油是世界四大植物油品种之一，产量仅次于棕榈油和豆油，在植物油中居第三位。而我国是世界菜籽油第一生产大国，年产量在 430 万吨至470 万吨。长江上中下游沿岸各省市盛产菜籽，既是我国菜籽主产区，也是我国菜籽油的主要加工区，菜籽油加工量占全国总量的 70% 以上。我国也是菜籽油第一消费大国，年消费量在 430 万吨至 480 万吨。

表7-5　　　　　　　　　郑州商品交易所菜籽油期货合约

交易品种	菜 籽 油
交易单位	5吨/手
报价单位	元（人民币）/吨
最小变动价位	2元/吨
每日价格最大波动限制	不超过上一交易日结算价±4%
合约交割月份	1、3、5、7、9、11月
交易时间	上午9:00~11:30　　下午1:30~3:00
最后交易日	合约交割月份第10个交易日
最后交割日	合约交割月份第12个交易日
交割品级	基准交割品：符合《郑州商品交易所期货交易用菜籽油》（Q/ZSJ003-2007）四级质量指标及《郑州商品交易所菜籽油交割细则》规定的菜籽油 替代品及升贴水（见《郑州商品交易所菜籽油交割细则》）
交割地点	交易所指定交割仓库
最低交易保证金	合约价值的5%
交易手续费	4元/手（含风险准备金）
交割方式	实物交割

　　我国菜籽油市场的特点成为菜籽油期货上市的重要前提。第一，市场化程度较高。菜籽油是我国第二大植物油品种，也是市场放开较早（1993年）的植物油品种之一，多年来，菜籽油价格完全由市场供求关系决定。第二，具有良好的现货基础。菜籽油产销量大，具有良好的现货基础，可以保证期货市场正常运行的需要。第三，产销量适中，适宜我国目前资本市场的发展规模。第四，菜籽油产销区集中，质量易标准化，便于信息收集和交割业务管理。第五，熟悉程度高，保值需求大，参与群体广。菜籽油现货企业对期货市场认同度高，认识程度高。第六，菜籽油市场是一个竞争性市场，企业可以自由收购和销售油菜籽和菜籽油。

　　菜籽油期货的上市，有利于我国农业种植结构调整和油脂现货企业进行套期保值；有利于稳定菜籽生产，保护种植菜籽农民的收益；有助于形成公开、透明和权威的菜籽油期货价格，指导菜籽的生产、收购和销售，指导菜籽油的加工和经营活动；有助于油脂企业增加经营渠道，降低经营成本；有助于为政府提供价格参考，提高政府的宏观调控效果；有助于我国参与国际菜籽油市场的定价过程，扩大我国在国际植物油市场上的影响力，促进我国油脂行业的健康发展。

对于郑州商品交易所而言，菜籽油期货的上市使得交易所的期货品种进一步丰富，形成了独特的上市品种体系。郑州商品交易所交易品种跨越五大行业，已经初步具备了为国民经济发展发挥更大作用的基础。

3. 塑料期货

2007 年 7 月 13 日，塑料期货（LLDPE）在大连商品交易所正式上市（合约内容见表 7 -6）。

表 7 -6　　大连商品交易所线型低密度聚乙烯期货合约

交易品种	线型低密度聚乙烯
交易单位	5 吨/手
报价单位	元（人民币）/吨
最小变动价位	5 元/吨
涨跌停板幅度	上一交易日结算价的 4%
合约月份	1、2、3、4、5、6、7、8、9、10、11、12 月
交易时间	上午 9:00 ~ 11:30，下午 1:30 ~ 3:00
最后交易日	合约月份第 10 个交易日
最后交割日	最后交易日后第 2 个交易日
交割等级	大连商品交易所线型低密度聚乙烯交割质量标准
交割地点	大连商品交易所线型低密度聚乙烯指定交割仓库
最低交易保证金	合约价值的 5%
交易手续费	不超过 8 元/手
交割方式	实物交割

LLDPE 市场在现阶段具备的特征主要有：（1）国内 LLDPE 价格波动较为剧烈，生产商、贸易商、投资商在交易中形成较为合理的分布，保证了市场较高的流动性。（2）LLDPE 贸易商在经历过近年来价格的大幅波动后，为赚取微薄而又稳定的利润，心态均较为谨慎，常采用随用随购的模式运行。（3）宏观经济状况、供求关系和关税问题是影响 LLDPE 价格的三大因素。

LLDPE 的属性适合开展期货交易。就自然属性来看，LLDPE 的牌号、用途集中，易于确立交易品种；检验标准统一，易于划分等级；品质稳定，易于存储运输。就市场属性来看，LLDPE 现货市场没有政策管制，价格波动较大，且市场化程度高，现货市场发育完善。此外，进口完全放开，贸易商众多。

LLDPE 期货作为我国开展塑料期货品种的突破口，除了为微观企业提供了套期保值、回避风险的平台之外，对宏观经济也存在积极意义：LLDPE

期货合约的推出将促进 LLDPE 价格自主形成机制的建立，加强我国 LLDPE 市场的稳定性，推动国民经济的健康发展。

4. 棕榈油期货

2007 年 10 月 29 日，中国期货市场第一个纯进口品种——棕榈油期货，在大连商品交易所正式上市交易（合约内容见表 7-7）。

表 7-7 大连商品交易所棕榈油期货合约

交易品种	棕 榈 油
交易单位	10 吨/手
报价单位	元（人民币）/吨
最小变动价位	2 元/吨
涨跌停板幅度	上一交易日结算价的 4%
合约月份	1、2、3、4、5、6、7、8、9、10、11、12 月
交易时间	上午 9:00~11:30，下午 1:30~3:00
最后交易日	合约月份第 10 个交易日
最后交割日	最后交易日后第 2 个交易日
交割等级	大连商品交易所棕榈油交割质量标准
交割地点	大连商品交易所棕榈油指定交割仓库
最低交易保证金	合约价值的 5%
交易手续费	不超过 6 元/手
交割方式	实物交割

近年来，我国油脂产销量不断刷新历史高点，棕榈油市场规模不断发展壮大，棕榈油进口和消费呈现了跳跃性增长，目前在国内聚集了一大批棕榈油经营和消费企业，而且企业数量还在不断增长。我国是世界头号棕榈油进口大国，也是棕榈油消费大国，2006 年进口棕榈油已经超过了 500 万吨。

如此巨大的进口和消费，如此众多的企业，本应在国际市场具有影响力，具有相当的话语权，但实际上，全球的棕榈油贸易都在以棕榈油主产国之一——马来西亚的大马交易所的棕榈油价格作为参考基准，我国作为需求大国，在贸易领域基本上没有什么话语权。

棕榈油期货的推出，是进一步完善我国油脂油料期货交易机制的重要举措，是发展我国油脂现货市场、繁荣我国期货市场的客观需要。豆油、菜籽油、棕榈油是我国食用植物油市场的三大主要品种，近年来棕榈油年销量已经位居第二。我国油脂期货市场经过多年的发展，具备了一定的基础，先后上市了豆油、菜籽油等品种。棕榈油期货的推出，完善了我国植物油期货的品种结构，增强了相关期货市场的国际竞争力。

棕榈油期货的推出，对我国棕榈油贸易、消费企业利用期货市场套期保值、规避价格风险意义重大。近年来，国际棕榈油现货价格波动剧烈，市场风险加大。棕榈油期货的推出，既是对我国植物油市场交易方式的完善，也有利于棕榈油经营、加工、消费企业规避市场风险。我国推出棕榈油期货合约，可以为相关企业提供有效的风险对冲工具，并与大马交易所棕榈油期货市场相呼应，形成世界棕榈油市场新格局。

棕榈油期货的推出，为国内上市境外期货品种提供了经验参考。我国是棕榈油消费大国，棕榈油年进口数量世界第一，但我国并不生产棕榈油，棕榈油消费全部来自进口，因此棕榈油期货品种的上市交易为我国争取境外品种的定价权提供了全新思路。

二、制度创新

1. 期货市场法规体系进一步建立和完善

2007 年，伴随着《期货交易管理条例》及其他管理办法的颁布实施，我国期货市场上的法制建设取得重大进展。《期货交易管理条例》将期货交易的范围扩大到商品、金融期货和期权交易，为期货市场体系建设和品种体系完善开辟了法律空间，扩大了期货公司的业务范围，为其他期货经营机构开展中间介绍业务、境内机构开展境外期货业务和境外机构开展境内期货业务预留了法律空间，删除了对金融机构参与期货交易的限制等。这将极大地推动期货市场的整体发展，进一步增强期货市场在经济体系和资本市场发展中的作用，为期货市场做大做强奠定了法律基础。《期货交易管理条例》还完善了期货市场的监管体制，强化了期货市场的监管协作，进一步明确和细化了监管部门的职权，进一步明确了各市场主体的法律责任，进一步完善了风险管理制度，为分级结算制度等新的风险控制制度提供了法律支持。新条例的特点还体现在：

第一，对期货交易所的组织架构、期货公司的业务范围、期货交易规则、期货业协会的权利和义务、期货监督管理的原则与措施等进行了详细阐述，为中国期货市场各主体的全面创新打开了广阔的空间。新条例将促进期货交易所组织结构创新，新条例虽然仍然规定交易所不以营利为目的，却把《期货交易管理暂行条例》中极具会员制特色的条款大部分删除，承认了中国金融期货交易所公司制下会员结构的合法性，这无疑为日后的交易所改制解除了禁忌，对中国期货市场的发展更是一个大利好。

第二，在品种创新上有所突破，明确了可交易的合约包括"期货合约"与"期权合约"，合约标的物也拓展为商品及其相关指数产品，有价证券、利率、汇率等金融产品及其相关指数产品，为交易所的品种推出打开了空间，也为中国金融期货交易所即将推出的股指期货扫除了法律障碍。可以想象，金融期货与商品期货、期货与期权并驾齐驱的局面将在未来的衍生产品市场上成为现实，而品种扩容所带来的市场扩容和投资者结构改变也将有助于改变中国期货市场品种少、规模小、散户占主导的现状。

第三，将推动期货公司经营模式的创新。期货公司是期货市场的中枢力量，它起着承上启下的作用，因此，做大做强期货公司是期货市场得以持续发展的关键。新条例首先把"期货经纪公司"改称为"期货公司"，并一举放开了自营、境外经纪、期货投资咨询等项业务，并对期货公司业务实行许可制度，这使得期货公司的盈利渠道大大扩展，期货行业的竞争力有望大大增强。期货公司的分类分级监管还有望在业务牌照多元化的条件下得以实现，一批资本实力强、有竞争力的期货公司将脱颖而出，而一批缺乏核心竞争力、风险控制不严格的期货公司则可能被淘汰，期货业的重组整合将越来越快。

第四，赋予了中国期货业协会重要地位，将推进期货监管模式的创新。新条例将中国期货业协会单列一章，着重阐述了期货业协会的地位和职责。事实上，在国务院法令中赋予期货业协会如此之高的法定地位尚属首次，它充分地显示了中央政府对期货行业的重视，也突出了行业自律机构在监管中的作用。在未来的期货市场"五位一体"监管体系中，证监会可能适当放权给协会，中国期货业协会将扮演越来越重要的角色。

此次《期货交易所管理办法》的修改，坚持期货交易所基本运行框架和风险管理措施不变的原则，贯彻落实《期货交易管理条例》的相关规定。《期货交易所管理办法》允许期货交易所采取股份有限公司的组织形式。期货交易所按照公司的组织形态进行内部治理，有利于提高决策效率。由于期货交易所是承担一定公共职能的特殊机构，因此，在尊重公司制的固有特征、注意发挥公司制优势的同时，明确公司制期货交易所与现有会员制期货交易所在职责和监管模式上保持一致。《期货交易所管理办法》允许期货交易所实行会员分级结算制度，期货交易所只对结算会员结算，非结算会员由具备资格的结算会员为其结算。会员分级结算制度能够增强期货交易所抵御风险的能力，是我国期货交易所结算制度的一次新的尝试，也是此次修改《期货交易所管理办法》的一个重要突破。

《期货公司管理办法》是对原《期货经纪公司管理办法》的全面修改。随着期货市场各项基础制度建设全面推进，《期货公司管理办法》对期货公司业务和期货公司监管所涉及的各项基础制度作出了明确规定，提出了许多新的要求。期货公司代理金融期货交易的业务模式已经确定，期货保证金安全存管监控制度已初步建立并开始运行，以净资本为核心的期货公司风险监管指标体系也即将实施。《期货公司管理办法》充实了有关期货公司的业务许可、公司治理、经纪业务规则、客户资产保护和监督管理等方面的规定和要求。《期货公司管理办法》以加强客户合法权益保护、强化期货公司风险控制为主线，加强业务规范和监管要求，鼓励并推动期货公司在规范发展的基础上做优做强。

《期货公司金融期货结算业务试行办法》明确了期货公司作为金融期货交易所全面结算会员和交易结算会员，从事金融期货结算的业务资格和业务规则，并对期货公司金融期货结算业务资格的取得与终止、全面结算会员期货公司对非结算会员进行金融期货结算的业务规则做了系统的规定；着重考虑使资金实力雄厚、风险管理经验丰富、运作规范的期货公司成为全面结算会员，使具有一定资金实力和风险管理经验、运作较为规范的期货公司成为交易结算会员，承担自身的结算风险，其余规模较小、管理水平和风险控制能力有限的期货公司取得金融期货经纪业务资格，只能代客交易，不具有与期货交易所进行结算的资格，通过多层次会员结构，分级承担和化解风险。

《证券公司为期货公司提供中间介绍业务试行办法》主要规范证券公司从事期货中间介绍业务的资格条件和业务规则，对证券公司申请中间介绍业务资格的条件和材料、业务范围和规则、监督管理和法律责任等做了基本规定；明确证券公司主要职能是为期货公司介绍客户并提供相关服务，不得代理客户进行期货交易、结算或交割，不得经手客户保证金；期货公司负责股指期货代理交易及对客户进行风险控制，客户资金纳入统一的期货保证金安全存管监控体系。证券公司从事中间介绍业务制度打通了证券公司与期货公司的业务联系，可发挥证券公司在客户资源和经营网点方面优势，发挥期货公司在期货交易风险管理方面的专业经验，有利于实现期货、现货市场间的有机结合和优势互补，隔离风险。

《期货公司风险监管指标管理试行办法》立足于投资者利益保护，以保障市场平稳运行、加强风险防范为指导思想，明确了期货公司各项风险监管指标要求，以及对期货公司不符合指标要求的监管措施。该办法在借鉴境外期货监管制度并参考国内其他金融监管机构资本充足监管标准的基础上，结合期货公司现状以及下一步发展需要，对建立以净资本为核心的期货公司风险监管指标体系作出具体安排：一是规定期货公司各类风险监管指标标准。二是强化净资本指标报送过程的责任追究，强调信息披露及时性。三是明确各项监管措施。四是明确期货公司资本补充机制，规定期货公司可借入次级债务补充净资本。

应该说，《期货交易管理条例》的发布，为金融期货的推出奠定了法律基础，而《期货交易所管理办法》、《期货公司管理办法》、《期货公司金融期货结算业务试行办法》、《证券公司为期货公司提供中间介绍业务试行办法》和《期货公司风险监管指标管理试行办法》等一系列规章的出台也进一步明确了期货公司从事金融期货业务的资格条件、申请程序、业务运作以及相关监管要求，为金融期货的推出搭建了清晰的规章框架体系。

2. 期货市场进一步落实开户实名制

2007 年 11 月 10 日，中国证监会向各期货公司发出《关于进一步加强期货公司开户环节实名制工作的通知》，要求自 2007 年 12 月 1 日起，在期货投资者首次办理开户手续或者申请新的交易编码时，进一步加强开户实名制工作，采集并保存投资者影像资料。这是对期货市场一贯强调开户实名制工作的进一步深化，是中国期货市场为保护投资者合法权益、规范期货公司业务、深化投资者教育、加强市场监管而出台的重要举措。

金融市场实名制是健全社会信用体系、建立诚信的金融市场环境的基础。我国储蓄存款、证券交易已经开始实施实名制，取得了良好的市场反映和实施效果，有效保证了储蓄存款和证券交易的真实性和安全性。全面推行期货市场实名制工作，必将进一步推动金融市场实名制的建设，对期货市场的发展起到非常重要的作用。具体表现在：第一，实名制为建设期货市场诚信体系奠定基础，有利于市场的规范发展；第二，实名制能够规范期货公司业务，保护投资者合法权益；第三，实名制有利于加强市场监管，防范市场风险；第四，实名制进一步深化了投资者教育；第五，实名制为防范金融犯罪奠定了基础。

3. 证券期货犯罪认定标准呼之欲出

由最高人民检察院等牵头的有关证券期货犯罪认定标准即将推出，中国证监会已在有限范围内下发了《市场操纵认定办法》和《内幕交易认定办法》两个行政法规，并在若干案件查处中试行。此次酝酿的认定标准，包括传播虚假信息、侵占上市公司利益等，囊括了证券期货市场犯罪的多种形式。它细化了新《证券法》、《刑法（修正案）》当中的相关新条款，使之更具操作性，可望做到行政处罚、刑事制裁和民事赔偿三位一体。

4. 期货公司信用评价体系即将建立

中国期货业协会第二届理事会第四次会议已审议并原则通过《期货公司信用评价体系指标设计方案》等多项期货公司治理规则和管理办法。

《期货公司信用评价体系指标设计方案》共分为盈利能力指标评价、管理指标评价、风险管理指标三部分。每部分又分若干细则，包括法人治理情况、内部控制、合规经营、客户账户状况及权益保护等内容，总分为100分。如果期货公司存在向大股东作出最低收益、分红承诺以及提供期货经纪服务，降低风险管理要求等行为，将被扣分。此外，是否设立首席风险官岗位，是否举办投资者教育等公益活动也有可能纳入计分指标。

期货公司作为期货行业的一个主体，又是连接另外两个主体——期货交易所与期货投资者的桥梁和纽带，管理应该更加规范，运作应该更加透明。同时，期货公司作为主体法人，在金融市场中应该具有一定的融资功能。因此，尽快建立期货公司信用评价体系，完备期货公司的信用记录，促进期货市场信用体系的建立，对期货市场的规范发展具有重大的意义。

三、服务创新

1. 大连商品交易所：会员直接通过网络办理出金业务

从 2007 年 12 月 7 日起，大连商品交易所在会员服务系统中新增会员出金功能，会员不必再像以往手工填写票据，可以直接通过网络办理出金业务。

根据大连商品交易所通知，有开通会员服务系统出金功能意向的会员，可向交易所递交申请开通该项功能，会员可通过该功能向交易申请办理出金业务。该项服务推出后，交易所出金方式将包括三种："交易内部专用结算凭证"出金方式、"期货交易内部专用结算凭证"出金与总部异地划款指令确认结合方式以及会员服务系统申请出金方式，会员可根据公司资金管理需求选择出金形式。

2. 上海期货交易所：会同银行开辟期货结算业务专用"绿色通道"

2007 年 9 月 6 日，上海期货交易所在工商银行、农业银行、中国银行、建设银行、交通银行五大结算银行正式推出"期货结算专用窗口"，这是一条方便会员单位和投资者办理期货结算及相关业务的专用"绿色通道"，将切实解决许多会员单位和投资者反映的在柜面办理业务时排队难问题。

"期货结算专用窗口"是供交易所、会员及投资者使用的专门结算通道。由结算银行专业人员负责处理期货结算的相关业务，将期货结算优先于一般业务进行集中处理，改变了长期以来期货会员同普通客户混合办理业务的模式，从而确保了期货结算通道的高效和畅通。

此外，除会员外，个人投资者也可以直接在专用窗口办理与期货相关的资金业务，改变了原有结算要区分对公、对私的传统业务模式，在提升服务质量的同时，集中结算数据信息。

3. 大连商品交易所：豆粕仓单每年将注销三次

为保障豆粕质量及提高厂库利用效率，大连商品交易所日前发出通知，将自豆粕 M0901 合约开始，豆粕仓单由现行的每年 12 月注销改为每年 3、7、11 月注销。

豆粕仓单每年注销三次，每 4 个月注销一次仓单，加上允许拟注册的货物可距生产日期不超过 45 天，豆粕期货货物储存最长时间就会不超过 6 个月，这更加符合现货市场豆粕储存的实际情况，可以确保在库豆粕的质量安全。据了解，在豆粕现货市场，豆粕保质期一般为 6 个月，流通中的储存期限会更短一些。原来大连商品交易所规定期货仓单有效期为 1 年，同时仓单注册时允许相应货物距生产日期不超过 45 天，这样豆粕期货货物在仓库储存的最长时间将有可能超过 13 个月，长期滞留交割仓库的豆粕有可能会超出保质期，豆粕质量安全存在一定隐患。

一年多次注销也更有利于厂库仓单功能的发挥。厂库仓单这种方式实际上是一种"信用仓单",避免了货物在仓库的滞留,解决了豆粕的质量安全问题,降低了仓储费用,有利于现货流通。现行的一年一次注销方式有可能使厂库一年只有一次交割,这既减少了厂库签发仓单的数量,持有仓单者一直不提货也影响了厂库的正常经营,影响了厂库作用的发挥。改为一年多次注销后可以增加多次交割量,厂库可供交割量有可能提高数倍,同时还使得厂库可以正常安排生产计划,这将充分发挥厂库仓单的优势,而厂库仓单数量的增加将有利于期现套利者入市交易,豆粕期现价格关系将进一步合理化,有利于豆粕期货市场功能的发挥。

4. 上海期货交易所:统一各结算银行客户回单格式

为规范日常业务操作、提高工作效率,上海期货交易所近日与工商银行、农业银行、中国银行、建设银行、交通银行五大结算银行进行了反复沟通与协商,决定统一各结算银行客户回单的格式、大小和内容,并定于2007 年 12 月起正式启用。

过去的结算银行客户回单无论在格式、大小、内容等方面都很不统一。新的客户回单首先在名称上进行了统一,将以往的"结算凭证"、"记账回执"、"电子转账凭证"等名称统一称为"客户回单";其次,将不同大小及颜色的回单统一为 20cm × 12cm,颜色一致为收款人联红色,付款人联绿色,这不仅有利于会计凭证装订的便利和美观,也可大大提高工作人员的分单效率,降低工作差错。另外,上海期货交易所还对回单的格式、内容及留存单联数等方面进行了统一,这不仅可以使交易所方便地获取所需的信息内容,而且给将来多账户、多币种等结算业务的发展预留了空间,同时也考虑了各行的个性化需要,例如"备注"栏的内容由各行自定,各行的个性化信息都可以自行安排打印。

5. 郑州商品交易所:简化会员交割手续

为更好地服务会员,提高业务办理效率,郑州商品交易所 2007 年 9 月26 日对会员单位交割办理手续进行了简化。

自 2007 年 10 月起,会员单位根据"交割通知单"注明的时间和地点到交易所办理交割手续时,仅需领取各自的"交割结算收付款凭证",换发"标准仓单持有凭证",不再共同签领纸制的"仓单交割结算清单";发生交割违约的,买卖双方会员不再共同签领纸制的"违约交割结算清单"或"违约继续交割结算清单"。会员单位应在交割日交易结算后,通过会员服务系统中的结算报表查询栏目直接收取上述表单。

四、技术创新

1. 大连商品交易所仓单信息平台上线

为进一步服务市场、服务会员、服务投资者,方便投资者进行仓单交换，促进仓单交易的顺畅进行，大连商品交易所从 2007 年 8 月 9 日起推出了仓单信息平台，并已上线运行。

该平台提供仓单信息发布、仓单信息查询等功能，为有仓单买卖意向的投资者提供相关仓单信息。会员可以通过会员服务系统登录仓单信息平台，发布、查询、删除仓单信息。所有投资者均可通过交易所主页/数据服务/统计数据/仓单信息查询栏目查询已发布的仓单信息。

2. 大连商品交易所 Level—2 行情系统面世

大连商品交易所 Level—2 行情系统于 2007 年 12 月 28 日推出。大连商品交易所 Level—2 行情系统的研发推出，将推动市场信息服务进入到一个新的阶段，对于服务市场信息需求、引导投资者理性投资、提高期货市场透明度、培育期货行业信息服务产业链、提高整体市场信息服务水平等方面有着积极的意义。

第一，满足了市场多层次用户的信息需求。国外期货市场各层级用户大多都能从信息服务商处获得从 Level—1 到 Level—2、Level—3 等不同深度内容的服务，这是成熟市场的基本要求。国内期货市场发展到今天，已与十几年前初创时代不可同日而语，交易品种、交易机制正日益丰富，投资者对行情信息的需求呈现多样化的趋势，单一行情的服务已不能满足差异化和个性化的客户需求。参照国际通行做法，实行由专业信息服务商向最终用户提供多样化的行情信息，可以使市场信息服务更为深入。

第二，利于倡导理性交易，保护投资者利益。大连商品交易所 Level—2 行情系统在原来基本行情的基础上增加了大量的信息内容，充分体现了期货市场的"三公"原则，将有助于投资者进行更加理性的交易分析，进一步促进期货市场形成理性投资氛围。大连商品交易所 Level—2 行情推出后，不仅将提高市场透明度，极大地减少因信息量小等引起的交易价格非理性波动，也为投资者提供了更详细、更细致、更真实的行情信息，保护了投资者的利益。

第三，有利于期货信息服务产业的有序发展。多年来，国内期货信息服务商在为投资者提供多样化信息服务上做了大量工作，但是，十多年来信息服务商可以深化加工的信息源并无多大变化，特别是行情数据的单一化、无控制方式的泛市场供应，从源头起到各种接收终端，均未实现有偿服务的有效手段，出现了谁提供有偿服务谁就会失去客户的现象。信息服务内容抄袭成风，各家信息服务商只能徘徊在低水平重复的状态。整个期货市场信息服务业迫切需要建立一个从源头就对关键数据加以控制传播和进行有效权益管理的机制，需要形成一个提倡优质服务、良性竞争、不断提高信息资源开发利用水平和性价比的行业面貌。大连商品交易所 Level—2 行情系统的研发推出，有利于进一步优化信息服务产业链条，形成供应—加工增值—最终用户的产业链模式，促进期货信息服务产业有序发展。

3. 我国有望引入"算法交易"

我国金融衍生产品不断创新，交易方式的革新也将随之产生。目前，我国还未引入"算法交易"，但随着股指期货的推出，此种交易模式将会被运用于其中进行各种套利。

"算法交易"（algorithmic trading）是指把一个指定交易量的买入或者卖出指令放入模型，该模型包含交易员确定的某些目标。根据这些特殊的算法目标，该模型会产生执行指令的时机和交易额。而这些目标往往基于某个基准、价格或时间。这种交易有时候被称为"黑箱交易"。"算法交易"通过程序系统交易，将一个大额的交易拆分成数十个小额交易，以此来尽量减少对市场价格造成冲击，降低交易成本，而且还能帮助机构投资者快速增加交易量。

国内机构投资者对丁创新交易模式的需求已越来越人。股指期货即将推出，各类机构投资者都在进行套利模型的设计，在此过程中，如何避免大笔下单造成的市场价格大幅波动是这一模型当中的首要问题。因为套利模型的理论基础是期现同时建仓，但在实际情况中，尤其是人工大笔下单时，这种"同时"几乎难以实现，将会使指数向不利方向跳动，这就会带来套利冲击成本。"算法交易"有望在一定程度上解决这个问题。

4. 中国金融期货交易所明确会员技术标准

2007 年 10 月 18 日，中国金融期货交易所正式发布并实施《中国金融期货交易所金融期货业务系统技术指引》。该技术指引明确了中国金融期货交易所会员的基本技术条件和要求，其发布和实施将为相关单位申请中国金融期货交易所会员资格提供具体的指导，也有助于相关单位进一步做好股指期货准备工作。

第三节　2008 年中国期货市场创新展望

2007 年的期货市场令人振奋，2008 年的中国期货市场更值得期待，将迎来期货市场的春天。2008 年最值得期待的是股指期货的正式推出。中国金融期货交易所已经基本完成了股指期货的各项制度设计和技术准备，投资者教育和培养工作也已经深入展开，可以说股指期货上市前的各项工作已经准备就绪，2008 年推出股指期货水到渠成。另外，原油、钢材、生猪、稻谷等新品种以及商品期货期权也有望推出。

在股指期货上市交易的前提下，期货行业的格局将面临重大变化。拥有券商背景的期货公司以及外资背景的期货公司的竞争力将会得到迅速提升。中国金融期货交易所目前的分级结算架构以及未来可能实施的对于期货公司的分类管理，将使期货中介行业出现明显的强弱分化。同时，期货市场上的投资者结构将出现变化，机构投资者的比重将不断加大。金融期货推出后，证券公司、基金公司、保险公司的资产管理及 QFII 和私募基金公司必将成为期货市场的主力，它们将利用期货工具进行指数化投资，还将通过对冲资本市场中的系统性风险来获取收益。

在股指期货推出前，证券公司和期货公司业务之间互不交叉，彼此割裂，期货监管部门一直从事传统商品期货业务的监管；而在股指期货推出后，证券市场与期货市场将出现联动，证券公司、基金公司、保险公司与期货公司之间的合作也将加强，如何强化对金融衍生产品的监管，维护市场平稳运作、保障整个资本市场健康协调发展，建立跨市场的信息共享和联合监管协作机制，提高跨市场风险防范和监管能力，是监管部门急需解决的问题。

第八章　2007年基金市场创新报告

□朱 赟①

2007年中国基金业经历了前所未有的发展，资产规模在一年内扩张近4倍，基金投资热情高涨，多只百亿份规模的基金一日内抢购完毕，基金产品深入人心，投资者结构大众化趋势明显。在这繁荣发展的背后同时也隐藏着风险因素，监管层在2007年陆续出台了一系列有关风险控制和新业务的法规、措施，以防范市场风险。制度上的健全和产品上的多样化推动基金市场发展迈上新的台阶。

第一节　回顾与概述

2007年中国基金业获得超常规发展，股市的大幅上涨是催生基金业快速发展的重要原因，居民储蓄不断转移，促使基金资产规模迅速膨胀，股票型基金成为基金产品的主力军，占到基金市场规模的95%，同时低风险产品债券型基金和货币市场型基金规模则增长速度较慢，显示出基金业在2007年快速发展过程中存在的不足。

一、总量和类别结构

2007年基金市场得到飞速发展，特别是股票型基金成为带动整体基金市场发展的重要力量，股市的大幅上涨以及股票型基金的优秀业绩是2007年基金发展的重要基础。截至2007年年底，基金市场总资产规模达到3.2万亿元，其中股票型基金资产规模3.08万亿元（包括封闭式基金、开放

① 现任申银万国证券研究所宏观策略部基金分析师，重点研究基金市场发展动态、基金产品创新以及基金投资策略等，联系方式：zhuyun@sw108.com，white_yun@163.com。

式股票型基金以及 LOF、ETF 基金），债券型基金资产规模 817 亿元，货币市场型基金资产规模 1 110 亿元（图 8−1）。相比 2006 年，基金市场规模继续大幅提升，且各类型基金资产规模均有上升，显示出基金产品已经深入人心。

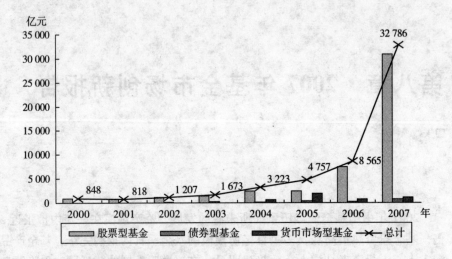

资料来源：申银万国证券研究所。

图 8−1 基金资产规模变动图

从产品结构上看，2007 年股票型基金资产规模增长速度最为迅猛，市场占比由上年底的 87% 上升到 94%，占据基金业绝对主导地位，同时债券型基金和货币市场型基金资产规模也有稳定增长，但增长速度远远低于股票型基金，因此，截至 2007 年年底，债券型基金和货币市场型基金资产规模合计仅占到基金市场整体资产规模的 6%，中国基金业在迅速发展的过程中结构不平衡现象非常突出（图 8−2）。

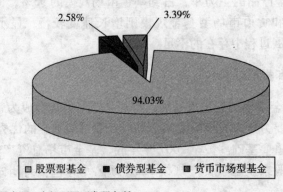

资料来源：申银万国证券研究所。

图 8−2 基金市场产品结构分布（2007 年年底）

二、发行市场

2007年基金发行市场更是火热，多只百亿份规模基金在一日之内抢购完毕，基金发行速度成为影响股市运行节奏的重要因素。新基金成为居民储蓄分流的重要载体，在2007年新的股票型基金平均每月发行规模达到379亿份，而且多只基金在单日销售即达到募集规模上限，并实施末日比例配售方式来确认份额，更出现银行前排队买基金的现象。从2007年基金发行市场情况就可看出居民储蓄分流汹涌，投资热情高涨（图8-3）。

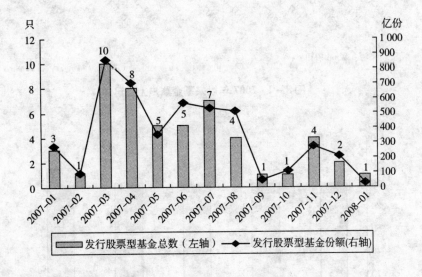

资料来源：申银万国证券研究所。

图8-3　2007年股票型基金发行规模与发行数量

从基金新增开户数的变化上也可看出基金投资热情的高涨，基金账户数目逐日攀升，特别是以个人投资者为主的基金账户增长迅速，成为基金发展的重要推动力（图8-4）。从2007年年中基金中报公布的基金持有人结构就可看出个人投资者对基金产品的青睐，截至2007年年中个人投资者在开放式股票型基金中持有比例达到90%以上，而对债券型基金和货币市场型基金持有比例仅在50%左右（图8-5）。这也显示出目前基金投资者对基金投资风险认识尚不足，他们的投资意识将成为影响资金流动的重要因素。

三、市场总体特征

基金公司在2007年获得了飞速发展，但同时基金公司之间的差距也在迅速拉大。在新入者减少、现有基金公司数量相对稳定的情况下，基金公司

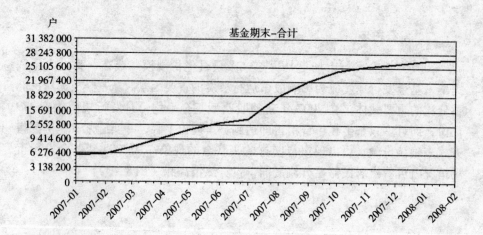

资料来源：Wind 资讯。

图 8 - 4　2007 年以来基金账户上升迅速

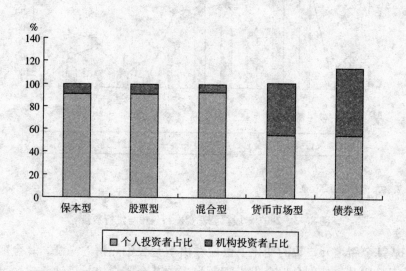

资料来源：申银万国证券研究所。

图 8 - 5　2007 年年中基金持有人结构分布

目前的竞争实力极大地影响其未来市场占有率。如图 8 - 6 所示，自 2002 年以来，前十大基金公司管理资产规模的市场占有率随着基金公司数量的增加而呈逐步下降趋势，但进入 2007 年后该比例变动稳定，这一趋势与随着新进入基金不断增加，十家基金公司占全部基金公司数量比例不断下降形成了显著差异，这反映出基金公司分占市场份额的竞争已经展开，新入者对现有基金公司竞争威胁大大削弱。目前，前十家基金公司管理资产规模占基金市场总量超过 50％，基金公司的集中度较高。

162

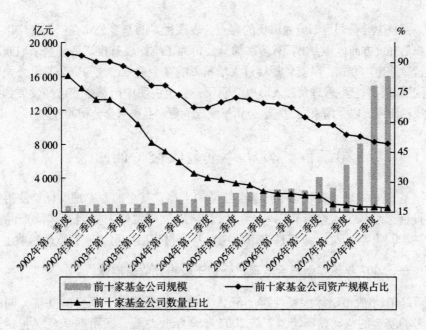

前十家基金公司规模　◆　前十家基金公司资产规模占比
▲　前十家基金公司数量占比

资料来源：申银万国证券研究所。

图8-6　前十家基金公司资产规模占比下降速度远低于数量占比下降速度

　　另外，成立时间较早而占得先机资产规模排在前十位的"老十家"基金公司已有几家从"新十家"基金公司的名单中消失，基金公司的新老更替也反映出基金行业的竞争激烈程度，不进则退的竞争环境将摆在每家基金公司面前（表8-1）。

表8-1　"新十家"与"老十家"基金公司管理资产规模对比（2007年第四季度）

新十家	成立日期	2007年第四季度资产规模（亿元）	老十家	成立日期	2007年第四季度资产规模（亿元）
华夏基金	1998-04-09	2 481.70	博时基金	1998-07-13	2 109.34
博时基金	1998-07-13	2 215.85	华夏基金	1998-04-09	1 985.29
南方基金	1998-03-06	1 929.54	南方基金	1998-03-06	1 781.67
嘉实基金	1999-03-25	1 808.12	嘉实基金	1999-03-25	1 726.91
易方达基金	2001-04-17	1 721.69	大成基金	1999-04-12	1 204.35
大成基金	1999-04-12	1 398.58	华安基金	1998-06-04	1 018.21
广发基金	2003-08-05	1 377.23	鹏华基金	1998-12-22	872.55
华安基金	1998-06-04	1 074.21	国泰基金	1998-03-05	678.10
景顺长城基金	2003-06-12	1 069.74	富国基金	1999-04-13	534.11
上投摩根基金	2004-05-12	968.70	长盛基金	1999-03-26	364.41

资料来源：申银万国证券研究所。

品牌基金公司逐渐成为市场的焦点。表现优异的基金公司在产品推广以及客户信任度方面优势突出，有多家基金公司为了维护现有投资者利益采取旗下基金暂停申购方式，以避免规模过大增长影响基金业绩，这与部分基金公司依靠规模增长来获取管理费收入形成鲜明反差，也说明中国基金业已经发展到初步成熟阶段，以业绩来维护基金公司形象成为更多品牌基金公司的首选。

第二节　2007 年基金收益特征回顾

基金业的快速发展离不开基金业绩的支撑。基金的专家理财优势使得更多资金愿意从个人投资转向基金投资，从居民储蓄转向适当高风险产品配置。2007 年股市处于系统性牛市环境，基金付出巨大努力来获取超额收益。

一、2007 年股票型基金表现：受益于股市，收益丰厚

2007 年股市继续大幅持续上涨，为基金业绩奠定了坚实的基础，同时也考验基金的主动投资能力。从 2007 年全年收益看，股票型基金（包括封闭式基金、开放式偏股型基金、开放式平衡型基金、开放式指数型基金）绝对收益丰厚，平均净值增长率达到 120% 以上，特别是开放式指数型基金获得收益最高，达到 144%，显示出系统性牛市特征；同时，各类型基金也获得了较高的超额收益，与上证指数相比，各类型基金均取得 20% 左右的超额收益，显示出基金投资的优势（图 8－7）。

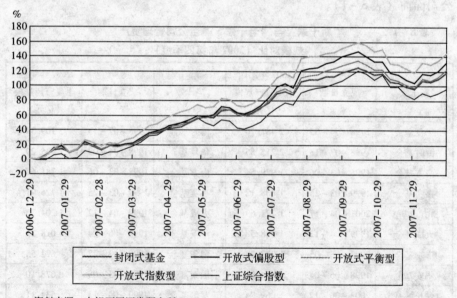

资料来源：申银万国证券研究所。

图 8－7　2007 年各股票型基金净值表现

如表 8－2 所示，从全年累计收益看，开放式偏股型基金净值增长率最高，平衡型与封闭式基金净值增长接近，均高于上证指数涨幅。从风险指标看，封闭式基金控制风险能力最强，标准差与 β 系数都相对偏低，其次是平衡型基金，偏股型基金承受的风险最大，这也反映出高风险高收益特征。从风险调整收益 Treynor 指标看，封闭式基金获得的风险调整收益最高，显示出较强的抗风险能力，而开放式偏股型基金和平衡型基金比较接近。从对比可以看出，在股市大幅上涨阶段，控制风险同样重要，封闭式基金由于不受规模变动影响，操作相对稳健，因此所表现出的风险也相对较小。

表 8－2　　　　　2007 年股票型基金收益风险值与 A 股市场比较

	季度累计增长率	平均周收益率	标准差	β 系数	Treynor
上证指数	96.66%	1.48%	4.22%	—	—
封闭式基金	118.02%	1.65%	3.42%	0.6851	2.34%
开放式偏股型	132.04%	1.75%	3.91%	0.8366	2.03%
开放式平衡型	122.14%	1.60%	3.55%	0.7537	2.06%

资料来源：申银万国证券研究所。

2007 年开放式基金与封闭式基金操作差异突出，开放式基金受规模变动和资金流动的影响，操作更加积极，净值波动风险也加大；而封闭式基金操作上则更加稳健，操作积极性以及换股频率明显小于开放式股票型基金，但从收益上看开放式基金优于封闭式基金，表明在牛市环境下积极操作型基金能获得较高的风险补偿收益。

总体上讲，2007 年是基金获得全面丰收的一年，基金的价值投资理念获得市场认同。基金的优异业绩和赚钱效应使得更多资金融入基金投资中，"资金→基金→主导市场→基金业绩突出"的正循环仍在继续。基金在 2007年年末持股市值已占到 A 股流通市值的 28%，并且基金投资股票市值规模已超过保险、券商和 QFII 投资股票的市值规模之和，成为目前市场上最重要的机构投资者，基金对市场的主导力正逐渐增强，基金业绩和投资行为受到市场的高度关注（图 8－8、图 8－9）。

同时，我们也关注到基金资产规模占据市场主力地位，而其他机构投资者规模偏小，但基金背后的资金来源是以个人投资者为主，这成为市场波动的根源。在市场参与者结构单一的情况下，基金的投资行为对市场影响过大，会加大市场的波动风险。

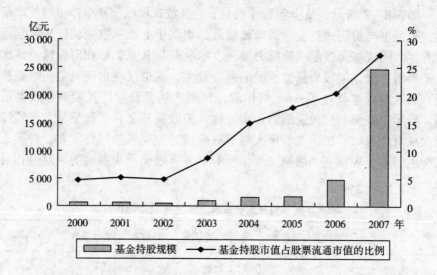

资料来源：申银万国证券研究所。

图 8 - 8　基金持股市值占 A 股流通市值的比例

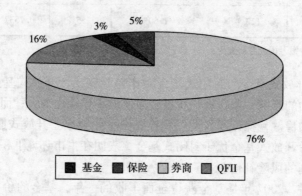

资料来源：申银万国证券研究所。

图 8 - 9　基金投资占股票市场资金比例

二、2007 年债券型基金业绩表现：受惠股市与新股申购

　　2007 年债券市场受中央银行收紧流动性影响表现低迷，持续的加息对股市影响有限，但对债券市场资金面影响较大，因此，2007 年债券市场表现远远落后于股市。但债券型基金表现却摆脱债市低迷，选取其他获利方式，以股票增强型基金最为明显，增强股票投资，适当降低债券投资。同时，新股申购也成为债券型基金的重要收益来源。多只中短债基金修改契约，以债券投资加新股申购策略来获得稳定收益。从一级市场新股申购收益

来看，采取网下与网上申购同时进行，则获取的年复合收益可超过 10%。这些多方面收益来源使得债券型基金在 2007 年收益也非常丰厚，偏债型基金平均净值增长率达到 24.13%（图 8 – 10）。

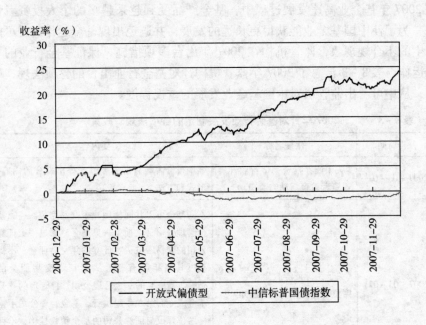

资料来源：申银万国证券研究所。

图 8 – 10 2007 年偏债型基金收益情况

与此同时，基金投资者的投资意识开始逐渐成熟，在一级市场申购火热的情况下，二级市场资金流动性开始逐步下降，基金受到资金大规模进出的困扰有所缓解，不论是股票型基金还是债券型基金赎回比例呈逐季下降趋势，而整体规模加速增长，基金背后的资金长期性增强。这都为后期基金市场发展奠定了坚实的基础。特别是债券型基金在 2007 年下半年开始规模持续增长，在股市大幅上涨的同时风险放大，具有前瞻性的资金开始逐步关注这些低风险品种，因此，债券型基金在 2007 年的发展仍非常强劲。

第三节 2007 年基金市场创新回顾

2007 年中国基金业和基金市场都经历了前所未有的发展，其市场创新体现在多个方面：一是监管法规的不断完善使得基金市场更加规范化；二是停滞多年的封闭式基金通过创新获得新的生机；三是为适应市场环境，更多基金选择修改契约来应对新的环境；四是更多有实力的基金公司加入到基金的竞争行业中。

一、基金法规建设：基金业发展的内部动力

在中国基金业发展过程中，基金法规的逐步完善是必不可少的推动力。在 2007 年基金业高速发展过程中，基金产品受到越来越多的个人投资者青睐，为了使中国基金业能获得更长远的发展，并避免出现基金运作过程可能产生的不合规现象，监管机构在 2007 年出台多项措施，保证基金行业的平稳运作。表 8 – 3 汇总了 2007 年监管机构针对基金行业出台的各项法规、政策，从中可看出监管层对中国基金业发展的重视程度。

表 8 – 3　　　　2007 年针对基金行业发展制定的各项法规、政策

公告时间	法规名称	主要内容
2007 – 03 – 02	《关于证券投资基金行业开展投资者教育活动的通知》	强调投资者教育的重要性，提出教育的内容、形式和方法。
2007 – 03 – 07	《关于完善证券投资基金交易席位制度有关问题的通知》	不同基金可以共同使用一个交易席位。一家基金管理公司（之前是一只基金）通过一家证券公司的交易席位买卖证券的年交易佣金，不得超过其当年所有基金买卖证券交易佣金的 30%。新成立的基金管理公司，自管理的首只基金成立后第二年起执行。基金管理公司不得将席位开设与证券公司的基金销售挂钩，不得以任何形式向证券公司承诺基金在席位上的交易量。
2007 – 03 – 15	《关于 2006 年度证券投资基金和基金管理公司年度报告编制及审计工作有关事项的通知》	进一步规划基金和基金公司年报编制，加强会计师事务所的审计监督功能。
2007 – 03 – 15	《证券投资基金销售业务信息管理平台管理规定》	规范了基金销售业务的信息管理。
2007 – 04	《关于证券投资基金投资股指期货有关问题的通知》	基金管理公司将以中国金融期货交易所交易会员的身份直接参与股指期货，并通过特别结算会员（银行）进行结算。基金投资股指期货应以套期保值为目的，并采用近月或者交易活跃合约（可以展期）进行套期保值。非股票型基金不得投资股指期货。
2007 – 06 – 19	《关于证券投资基金执行〈企业会计准则〉估值业务及份额净值计价有关事项的通知》	明确规范基金各类投资品种的估值业务，确保基金执行新会计准则后及时准确地进行份额净值计价，以便能够更加真实地反映基金相关金融资产和金融负债的公允价值。受这次政策调整影响较为明显的是封闭式基金及银行间债券市场交易的债券品种的估值。

续表

公告时间	法规名称	主要内容
2007 - 06 - 20	《合格境内机构投资者境外证券投资管理试行办法》以及《关于实施〈合格境内机构投资者境外证券投资管理试行办法〉有关问题的通知》。	《合格境内机构投资者境外证券投资管理试行办法》明确了申请 QDII 业务的基金公司其净资产不少于 2 亿元人民币，经营基金管理业务达 2 年以上，最近一个季度末资产管理规模不少于 200 亿元人民币或等值外汇资产；证券公司各项风险控制指标符合规定标准，净资本不低于 8 亿元人民币，净资本与净资产比例不低于 70%，经营集合资产管理计划业务达 1 年以上，在最近一个季度末资产管理规模不少于 20 亿元人民币或等值外汇资产。据以上要求，国内 57 家基金公司中有 20 多家基金公司符合申请 QDII 业务资格要求；券商中有 8 家创新类券商的基本条件在门槛以上。《关于实施〈合格境内机构投资者境外证券投资管理试行办法〉有关问题的通知》规定，基金、集合计划在投资普通股、优先股、全球存托凭证和美国存托凭证、房地产信托凭证时，该证券所在市场所属的国家或地区必须已与中国证监会签署双边监管合作谅解备忘录；而投资基金方面，仅限于在已与中国证监会签署双边监管合作谅解备忘录的国家或地区证券监管机构登记注册的公募基金。
2007 - 10 - 08	《关于基金管理公司提高风险准备金有关问题的通知》	将风险准备金的提取比例从 5% 提高到 10%。提高风险准备金比例是为基金规模急速扩张隐含的突发性风险提前做准备，以便必要时弥补持有人的损失。
2007 - 10 - 18	《证券投资基金销售机构内部控制指导意见》和《证券投资基金销售适用性指导意见》	作为基金销售监管框架的重要组成部分，这两个意见的颁布标志着基金销售监管框架的初步形成。《证券投资基金销售机构内部控制指导意见》全面规定了基金销售机构内部控制的定义、目标、原则和内容，指导不同的销售机构建立统一规范的制度和流程。《证券投资基金销售适用性指导意见》提出基金销售适用性是指基金销售机构在销售基金和相关产品的过程中，注重根据基金投资人的风险承受能力销售不同风险等级的产品，把合适的产品卖给合适的基金投资人。这是首次明确规定基金销售行为必须遵守"把合适的产品卖给合适的基金投资人"的原则。这也是借鉴国外成熟市场的普遍做法。该意见最大的意义在于将引导基金销售机构向投资人提供必要的信息，引导基金投资人了解基金风险，帮助投资者选择购买适合自己风险偏好的基金。未来，证监会还将陆续颁布相关规定，确保基金销售机构实现"把合适的产品卖给合适的基金投资人"的目标。

续表

公告时间	法规名称	主要内容
2007 - 11 - 04	《关于进一步做好基金行业风险管理有关工作问题的通知》	通知着重强调了以下几点：第一防止基金盲目扩张，控制基金规模。第二加强风险管理提倡价值投资。第三坚持做好投资者风险教育。
2007 - 11 - 30	《基金管理公司特定客户资产管理业务试点办法》以及《关于实施〈基金管理公司特定客户资产管理业务试点办法〉有关问题的通知》	《基金管理公司特定客户资产管理业务试点办法》共五章四十条，对专户理财的基本含义、从事专户理财业务的基本行为准则和市场准入条件、业务规范、日常监督管理及法律责任作了详细的规定，并特别针对可能出现的利益输送、承诺保底收益、恶性竞争等违法违规行为作了严格规定。《关于实施〈基金管理公司特定客户资产管理业务试点办法〉有关问题的通知》明确了基金管理公司开展专户理财的具体标准，并且要求基金管理公司的专户理财业务与其他资产管理业务之间应建立公平交易制度、异常交易监控与报告制度以及内部风险控制制度等，从制度上切实有效防范基金管理公司在开展专户理财业务过程中可能出现的各类风险，保护好有关各方的合法权益。

资料来源：申银万国证券研究所。

二、基金产品创新：基金业的新鲜血液

2007年基金产品的最大创新来自于创新型封闭式基金的推出，这是在2002年后封闭式基金停滞发展5年之后的重新开始，推动了封闭式基金的重新发展。

2007年共发行4只创新型封闭式基金，而国投瑞银瑞福分级和大成优选是两只最具特色的封闭式基金。除了封闭式基金，2007年基金业向海外市场进军，发行QDII产品也是基金业的重大突破和创新。以下是2007年基金产品创新上的重大发展。

1. 引入杠杆的创新型封闭式基金——国投瑞银瑞福分级

该基金有以下几大特点：

（1）对基金产品的分级能够满足不同收益风险偏好投资者。该创新型封闭式基金参考美国结构性产品设计特征，将结构分级运用于基金产品中，主要设计思路是将基金产品分成不同收益风险特征的两个级别：优先级和普通级。优先级具有低风险低收益特征，而普通级则是为了满足有较高风险承受力、愿意承担一定风险来获取超额收益的投资者。

（2）通过不同收益分配权来区别两级份额差异。该创新型封闭式基金分两级后将分别募集和计价，但资产运作合并，仍属于同一基金，最大差别在于对于收益分配的不同。优先级份额将获得优先收益分配权，但对于超额收益部分普通级将获得更大分配权。也就是说基金收益按两种方式分配，首先将满足优先级份额分配其优先收益（该优先收益相对稳定，也相对较低），其

次将基金收益超过优先收益部分即超额收益按不同比例分配，普通级将获得较大比例的超额收益部分。这也就产生了两种不同收益风险风格的基金特征，优先级份额将获得稳定的低收益回报，其风险也较低，适合需要稳定、低风险回报的投资者；而普通级份额通过对优先级份额优先收益分配权的让渡，将获取较高比例的超额收益分配权，实质上普通级份额是通过向优先级融资的方式来放大收益所得，而优先级的优先收益是普通级赋予的借贷成本。

（3）不同特征将使得两级份额采取不同方式交易。由于封闭式基金在保证份额稳定的同时还要满足一定的流动性，因此两级份额将采取不同方式提供流动性。普通级份额满足风险承受力较高的投资者，其对流动性需求也相应较高，因此将采取市场交易方式，与目前现有封闭式基金相似，采取二级市场交易，以市场价格买卖来反映供求关系，而优先级则采取每年打开一次来提供适当流动性。

国投瑞银瑞福分级中的普通级在二级市场上市后，激发了市场的投资热情，其普通级即瑞福进取在上市之后一直处于溢价状态，且表现出高 β 特征，股市对其影响更大，投资者愿意以高溢价来换取这种高收益品种，也反映出该产品的创新之处得到市场认可。

2. 引入"救生艇"条款的创新型封闭式基金——大成优选

该基金有以下几大特点：

（1）借鉴了美国目前封闭式基金市场中大多数产品的设计特征，将"救生艇"条款作为基金运作中对投资者利益的保护。

（2）在契约中明确了触发基金转型的条件："基金合同生效满 12 个月后，若基金折价率连续 50 个交易日超过 20%，则基金管理人将在 30 个工作日内召集基金份额持有人大会，审议有关基金转换运作方式为上市开放式基金（LOF）的事项。"这就说明如果在满运作一年后基金折价连续超过20% 可以转为开放式基金运作，打开一级和二级市场之间的隔阂，从而实现保护投资者利益，消除折价的目的。

该创新型封闭式基金改变了老的封闭式基金固定期限运作、二级市场大幅折价时投资者也无法改变现状的情况，使得持有人有更多权利来维护自身利益。该基金也成为中国封闭式基金的创新一页。

3. 封闭一年运作的创新型封闭式基金——华夏复兴和工银瑞信红利

这两只基金特点相似。华夏复兴和工银瑞信红利基金同属于封闭一年运作的封闭式基金，这两只基金均许诺在封闭运作一年后，自动成为开放式基金，接受基金份额的申购、赎回，这实际就是保证在一年内份额不变，而一年之后则自动成为普通开放式基金。这种基金集合了封闭式基金与开放式基金特点，在第一年运作期采取封闭式基金方式，不提供流动性，从第二年开始则转型为开放式。这种基金的优势是在一年内基金运作更加方便自如，可以不考虑规模变动影响，基金管理人有更大权限进行管理，突出基金管理人的管理能力。

4. QDII 基金——中国基金业迈向国际化投资

2007 年，中国基金业真正实现了国际化投资，截至 2007 年年底，有南方全球精选、华夏全球精选、嘉实海外中国股票和上投摩根亚太优势 4 只 QDII 基金面世（表 8 - 4），并且获得 QDII 资格的基金公司超过 10 家。

表 8 - 4   QDII 基金发行情况

	认购日期	发行份额（亿份）	认购比例（%）
南方全球精选	2007 - 09 - 12	299.982	61.97
华夏全球精选	2007 - 09 - 27	300.556	47.65
嘉实海外中国股票	2007 - 10 - 09	297.503	40.78
上投摩根亚太优势	2007 - 10 - 15	295.722	25.80

资料来源：申银万国证券研究所。

QDII 基金上市之初受到市场热烈追捧，所有基金均是超额认购且在一天之内销售完毕。从投资者的投资热情可以看出国内资金对海外投资的需求较大，但同时也可能存在一些非理性行为。QDII 出海不久便遇到美国次贷危机带来的金融风险释放，因此，所有出海的 QDII 基金均损失惨重，这为后期 QDII 产品的发展蒙上了阴影，可能也延缓了 QDII 产品的发展（图 8 - 11）。

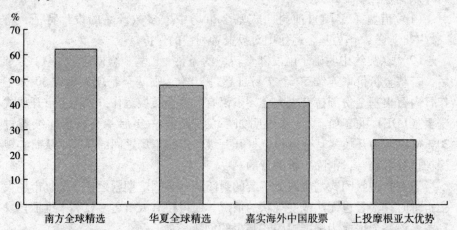

资料来源：Wind，申银万国证券研究所。

图 8 - 11　QDII 基金发行认购比例呈逐渐下降趋势

QDII 基金虽然都是海外投资，但各自特征不同，目前国内的 4 只股票型 QDII 基金在投资范围和投资品种上差异较大，虽然短期看这些基金表现相近，但长期的运作差异化会加大。表 8 - 5 给出了目前 QDII 基金的基本投资范围信息，可以看出这些 QDII 产品设计差异较大，投资范围的不同将直接影响基金未来业绩，同时也说明 QDII 投资范围广阔，未来发展空间巨大。

表 8 - 5

QDII 基金基本信息

证券代码	证券简称	基金成立日	投资范围	业绩比较基准
040006	华安国际配置	2006 - 11 - 02	在第一个投资周期内，本基金投资于结构性保本票据。该结构性保本票据所对应资金通过一定的结构和机制全额配置于保本资产与保本资产。收益资产中，固定收益产品投资的目标配置比例为收益资产净值的45%，最低不低于收益资产净值的20%，最高不高于收益资产净值的70%，若收益资产收益范围为基金收益资产净值的20%～100%；股票，包括H股、美国存托凭证（ADR）、全球存托凭证（GDR），优先股投资的目标配置比例为收益资产净值的35%，最低不低于收益资产净值的10%，最高不高于收益资产净值的60%；房地产信托收益比例的目标比例为收益资产净值的10%，最低不低于收益资产净值的15%，商品基金目标比例为收益资产净值的10%，最高不高于收益资产净值的15%。保本资产投资于零息票据工具，根据市场情况，也可适量投资于货币市场工具和保留部分现金等。	摩根士丹利资本国际全球指数（MSCI World Index）×35% + 雷曼兄弟全球综合指数（Lehman Brothers Global Aggregate Index）×45% + 美国房地产信托凭证行业协会指数（NAREIT All REITs Index）×10% + 道琼斯 - 美国国际集团商品指数（DJ - AIG Commodity Index）×10%

续表

证券代码	证券简称	基金成立日	投资范围	业绩比较基准
202801	南方全球精选	2007-09-19	本基金的投资范围为在已与中国证监会签署双边监管合作谅解备忘录的国家或地区证券监管机构登记注册的境外交易型开放式指数基金（ETF），主动管理的股票型公募基金，在香港证券市场公开发行、上市的股票，货币市场工具以及中国证监会允许本基金投资的其他金融工具。 本基金投资组合为：对基金和股票投资占本基金资产的目标比例为95%，可能比例为60%～100%，其中投资于本基金资产的部分不低于95%，投资于股票市场的部分（仅限于香港证券市场公开发行、上市的股票）不高于本基金资产的40%；货币市场工具及其他金融工具占本基金资产的0～40%。 本基金的基金资产将投资于全球主要证券市场，投资于与中国证监会签订了双边监管合作谅解备忘录的33个国家或地区的比例不低于90%。这些国家或地区有： 北美洲：美国，加拿大； 南美洲：巴西，阿根廷； 亚洲：中国香港，新加坡，日本，马来西亚，韩国，印度尼西亚，越南，印度，约旦，阿联酋，泰国； 欧洲：英国，乌克兰，乌克兰，罗马尼亚，土耳其，尼日尼亚； 葡萄牙，埃及，南非，尼日尼亚； 大洋洲：澳大利亚，新西兰。 如与中国证监会签订双边监管合作谅解备忘录的国家或地区增加，减少或变更，本基金投资的主要证券市场将相应调整。如法律法规或监管机构以后允许本基金投资其他品种，基金管理人在履行适当程序后，可以将其纳入投资范围。	60% × MSCI 世界指数（MSCI World Index）+ 40% × MSCI 新兴市场指数（MSCI Emerging Markets Index）

174

续表

证券代码	证券简称	基金成立日	投资范围	业绩比较基准
000041	华夏全球精选	2007 – 10 – 09	本基金主要投资于全球证券市场中具有良好流动性的金融工具，包括银行存款、短期政府债券等货币市场工具，政府债券、公司债券、可转换债券、住房按揭支持证券，资产支持证券等固定收益类证券，在证券市场挂牌交易的普通股、优先股、全球存托凭证和美国存托凭证，房地产信托凭证等权益类证券，以及基金、结构性投资产品，金融衍生产品和中国证监会允许基金投资的其他金融类资产。本基金为股票型基金，投资于股票等权益类证券的比例不低于基金资产的60%。	摩根士丹利资本国际全球指数（MSCI All Country World Index）
070012	嘉实海外中国股票	2007 – 10 – 12	本基金投资于依法发行，拟在或已在香港交易所上市的股票以及新加坡交易所，美国NASDAQ、美国纽约交易所等上市的在中国地区有重要经营活动（主营业务收入或利润的至少50%来自于中国）的股票，银行存款等货币市场活动，中国证监会认可的境外交易所上市交易的股指期货等衍生工具，使用目的仅限于投资组合避险或有效管理。由托管人（或境外资产托管人）作为中介的证券出借。	MSCI 中国指数
377016	上投摩根亚太优势	2007 – 10 – 22	本基金投资组合中股票权益类证券及其他权益类证券市值占基金资产的 60% ～ 100%，现金、债券及中国证监会允许投资的其他金融工具市值占基金资产的 0~40%。亚太企业主要是指登记注册在亚太地区的企业。本基金主要投资于亚太地区证券市场以及在其他证券交易市场交易的亚太地区主要业务经营在亚太地区的企业。投资市场为中国证监会允许投资的国家或地区证券市场。股票及其他权益类证券包括证券交易所上市交易的普通股、优先股、存托凭证，公募股票基金等。现金、债券、回购协议、短期政府债券等货币市场工具，政府债券、公司债券、可转换债券、债券基金、货币基金等及经中国证监会认可的国际金融组织发行的证券，中国证监会认可的境外交易所上市交易的金融衍生产品等。	摩根士丹利综合亚太指数（不含日本）（MSCI AC Asia Pacific Index ex Japan）

资料来源：Wind，申银万国证券研究所。

175

5. 基金转型适应不同市场环境

2007 年实行基金转型的情况多有发生，主要体现在以下几个方面：

（1）封转开实现规模扩张。2007 年股市的火热令很多封闭式基金提前进入封转开程序，以前所担心的封闭式基金到期转型会引起大规模赎回从而会被动抛售股票引起市场动荡的情况并没有发生，规模仅有 5 亿份的封闭式基金转为开放式基金后，规模不减反增，并迅速扩大到 100 亿份，从而实现了由小变大的过程，这令很多基金公司开始积极看待封闭式基金转型。

（2）保本基金到期转型。2007 年有多只保本基金到期，在保本期结束后，这些基金没有选择继续维持保本型而全部转为股票型基金或债券型基金，这与当时的股市环境有很大关系。国泰金象保本在 2007 年 11 月转型为国泰沪深300，成为指数基金；嘉实浦安保本则转型为嘉实优质企业成为股票型基金。万家保本基金是唯一一只转为债券型基金的保本基金。

（3）中短债基金转型为新股申购加债券投资的增强型债券基金。在 2005 年孕育而生的中短债基金在 2007 年发展过程中遇到较大挑战，债券市场的持续低迷使得这些基金已经不能完全规避风险，同时收益偏低也是对这类基金最大的挑战。而同时新股申购成为债券型基金关注的重要的无风险收益，因此，为了取得高收益多只中短债基金选择转型，以新股申购加债券投资方式来获得稳定的低风险收益，它们也成为新股发行的重要参与者。

表 8 - 6 列出了 2007 年以来基金转型的基本信息。

表 8 - 6　　　　　　　　基金转型基本信息

代码	名称	类型	规模（亿份）	成立日	原　名
519017	大成积极成长	股票型	106.12	2007 - 01 - 29	基金景业
162006	长城久富核心成长	股票型	90.75	2007 - 03 - 15	基金久富
040007	华安中小盘成长	股票型	110.2	2007 - 04 - 18	基金安瑞
050008	博时第三产业成长	股票型	132.01	2007 - 04 - 24	基金裕元
519021	国泰金鼎价值精选	股票型	106.85	2007 - 04 - 24	基金金鼎
160311	华夏蓝筹核心	股票型	99.65	2007 - 05 - 10	基金兴科
202005	南方成分精选	股票型	122.48	2007 - 05 - 23	基金金元
519035	富国天博创新主题	股票型	60.96	2007 - 05 - 25	基金汉博
161610	融通领先成长	股票型	30.6	2007 - 05 - 31	基金通宝

续表

代码	名称	类型	规模 （亿份）	成立日	原　　名
160910	大成创新成长	股票型	98.66	2007－06－18	基金景博
050009	博时新兴成长	股票型	153.8	2007－08－08	基金裕华
040008	华安策略优选	股票型	111.26	2007－08－20	基金安久
320004	诺安优化收益	债券型	无集中申购	2007－08－24	诺安中短期债券
202102	南方多利增强	债券型	无集中申购	2007－08－24	南方多利 中短期债券
050006	博时稳定价值债券 A、B	债券型	无集中申购	2007－09－04	博时债券
290003	泰信双息双利	债券型	无集中申购	2007－10－26	泰信中短期债券
161902	万家增强收益	债券型	2.43	2007－11－21	万家保本增值
519039	长盛同德主题增长	股票型	122.57	2007－11－23	基金同德
519519	友邦华泰稳本增利 A、B	债券型	无集中申购	2007－11－28	友邦华泰 中短期债券
202007	南方隆元产业主题	股票型	111.9	2007－12－07	基金隆元
160314	华夏行业精选	股票型	142.47	2007－12－20	基金兴安
110029	易方达科讯	股票型	140.93	2008－01－11	基金科讯
070099	嘉实优质企业	股票型	40.32	2008－01－19	嘉实浦安保本
519019	大成景阳领先	股票型	88.38	2008－01－19	基金景阳
020011	国泰沪深 300	股票型	63.88	2008－01－22	国泰金象保本增值
110007	易方达稳健收益 A、B	债券型	无集中申购	2008－01－29	易方达月收益 中短期债券
121008	国投瑞银成长优选	股票型	46.26	2008－02－14	基金融鑫

资料来源：申银万国证券研究所。

三、基金公司发展创新：多种业务推动基金业进入新格局

基金公司在 2007 年获得高速发展，不仅表现在公募基金规模迅速膨胀，更体现在基金公司业务的不断创新。

经过近十年的基金业发展，基金公司不论从管理人才还是从整体架构上都是国内资本市场管理最为完善的机构，基金公司所掌管的资源也是资本市场最高端的，因此，基金公司仅以公募基金形式来获得发展一定存在不足。

在这种情况下，以企业年金和专户理财管理为主的"私募基金"形式随即诞生。这也是 2007 年基金公司业务的重大创新。

在南方、博时、华夏、嘉实、富国、易方达、银华、招商、海富通九家基金公司获得第一批企业年金管理资格后，2007 年国泰基金公司、工银瑞信基金公司和广发基金公司成为第二批获得企业年金管理资格的基金公司。

在企业年金管理业务之外，证监会 2007 年 11 月 30 日发布《基金管理公司特定客户资产管理业务试点办法》，标志市场期待已久的基金公司专户理财业务正式开闸。该试点办法将从 2008 年 1 月 1 日起施行。准入门槛：试点阶段专户理财的每笔业务资产不低于 5 000 万元，仅限于一对一的单一客户理财业务。今后视单一客户理财业务的开展情况，待条件成熟时再择机推出一对多的集合理财业务。申请条件：基金管理公司净资产不低于 2 亿元，在最近一个季度末资产管理规模不低于 200 亿元人民币或等值外汇资产。自 2008 年 1 月 1 日起可申请这项业务。投资范围：股票、债券、证券投资基金、央票、短期融资券、资产支持证券、金融衍生产品；中国证监会规定的其他投资品种。业绩报酬：基金公司可以从专户理财业务中收取不低于同类证券投资基金费率 60% 的固定管理费率以及不高于委托投资期间净收益 20% 的业绩报酬。

第一批 9 家基金公司获得专户理财资格：南方、易方达、国泰、汇添富、中海、工银瑞信、鹏华、嘉实与诺安；第二批 8 家基金公司获得专户理财资格：博时、长盛、广发、银华、交银施罗德、华安、华夏、建信。

在多种业务发展中基金公司不仅面对机遇，同时也将迎接挑战。在企业年金管理以及专户理财方面，基金公司需要有更强的投资能力来满足不同收益风险要求，这将指引基金公司多样化发展，并为市场带来更多长期资金，促使资本市场更稳健发展。

四、基金投资行为创新：繁荣背后的担忧

2007 年基金在系统性牛市环境下取得优异业绩，但同时面对不断高涨的股市，基金的投资也由乐观转向谨慎。

仓位表现上：维持高仓位，但变动上由高到低。2007 年前三个季度基金仓位逐渐升高，而第四季度基金仓位有所下降，但仍保持在较高水平。2007 年第四季度股指出现本次牛市以来的首次负增长，仓位的下降与市场调整有一定关系。

基金的业绩表现与基金投资行为密不可分，这里我们将从几个方面对 2007 年基金投资行为创新做简要分析。

维持高仓位以获取股市系统性上涨收益。从 2007 年第一季度以来股票型基金的股票投资比例居高不下（图 8 - 12），不仅远超过历史上基金股票仓位水平，且新基金的建仓速度也创下历史纪录。

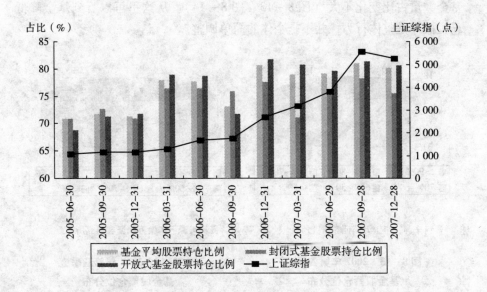

资料来源：申银万国证券研究所。

图8-12 股票型基金股票投资比例变动情况

表8-7   2007年各季度基金股票仓位数据

	第一季度	第二季度	第三季度	第四季度
股票型基金平均股票持仓比例（%）	78.91	79.14	81.03	80.22
封闭式基金股票持仓比例（%）	71.03	75.61	78.22	75.47
开放式股票型基金股票持仓比例（%）	80.82	79.63	81.32	80.67
上证综合指数	3 183.98	3 820.7	5 552.3	5 261.56

资料来源：申银万国证券研究所。

从表8-7中数据可以看出，2007年股票型基金的平均股票仓位均在78%以上，处于历史高位，股市的持续上涨推动了基金的仓位不断升高，但同时基金资产规模的膨胀不断流入股市也推动了股指的上涨，在这种效应下，基金的投资行为对股市影响力更加显著。在2007年年末基金仓位有所下降也反映出在股市繁荣的背后基金已经开始有所谨慎。

基金股票仓位的分布向低持仓区间变化，显示出基金整体投资趋于谨慎。在整体基金的股票仓位在2007年第四季度略有下降的情况下，基金的仓位分布也出现略微变化，高持仓的基金所占比重明显下降：股票仓位超过90%的基金数量占比第三季度末的25%下降到15%，而相应的股票仓位在80%~90%的基金数量占比由第三季度末的24%提高到31%，股票仓位在70%~80%的基金数量占比由第三季度末的28%提高到31%，70%以下基金数量占比变化不大（图 8 – 13、图 8 – 14）。从这里可以看到基金降低仓位操作是整体行为，并不是个体的简单调整。

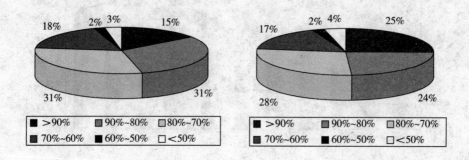

资料来源：申银万国证券研究所。　　　　资料来源：申银万国证券研究所。

图 8 – 13　2007 年第四季度
基金股票仓位分布

图 8 – 14　2007 年第三季度
基金股票仓位分布

从单只基金持仓水平看，共有 40 只基金第四季度末持仓水平高于 90%，较上季度数量明显下降，如果扣除指数基金受自身特征的影响外，主动型基金中创新型封闭式基金大成优选，以及开放式基金中邮创业核心优选、长盛动态精选、大成积极成长、融通领先成长和宝盈策略增长仓位水平较高，在 93% 以上。本次降仓幅度较大的基金是友邦华泰积极成长（由 90.54% 下降为 68.79%）、国投瑞银瑞福进取（由 99.13% 下降为 79.62%）、基金裕隆（仓位下降到 55.65%），而景顺长城基金公司旗下基金整体降低仓位，平均降仓幅度在 13.5% 左右。

基金降低持股集中度，而提升行业集中度。持股集中度反映了基金在个股选择上的思路。持股集中度低说明基金在选股上并没有太多优势，以个股分散来享受市场的系统性上涨；而行业集中度不断上升，却代表着基金在系统性牛市环境中获取超额收益难度加大，只能依赖集中于一些优质行业来显示基金投资优势。在这种行业集中度过高的背后，也蕴藏着市场调整压力。特别是在 2007 年第四季度市场调整，基金开始加大持股集中度，以抵御市场波动风险，这与行业集中度调整方向正好相反（图 8 – 15）。在各个行业估值均较高的情况下，行业集中投资优势降低，基金开始分散行业投资，但在市场震荡中基金对优质个股选择集中投资，以应对市场的短期波动风险。整体上看，基金在第四季度的操作开始由进攻型转向保守型。

行业转换明显，显示基金投资波动较大。基金在行业板块间的轮换投资构成 2007 年基金投资的一大特色，同时也反映出在系统性牛市下基金主动投资难度加大。特别对一些受宏观调控和人民币升值影响明显的行

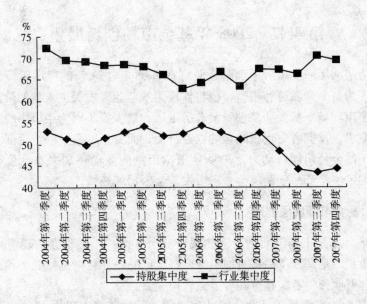

资料来源：申银万国证券研究所。

图 8 - 15　基金组合集中度变动情况

业，基金在季度间的投资波动较大。表 8 - 8 列举出 2007 年各个季度末基金相对上季度增持和减持幅度最大的三个行业，从行业变动上可以看出，基金在 2007 年重视行业投资超过对个股的挖掘，行业主线是影响基金业绩的重要因素。

表 8 - 8　2007 年各季度末基金相对上季度增持和减持幅度最大的前三个行业

单位：%

第一季度		第二季度		第三季度		第四季度	
行业名称	变动率	行业名称	变动率	行业名称	变动率	行业名称	变动率
纺织、服装、皮毛	128.04	木材、家具	69.76	采掘业	48.02	建筑业	42.21
造纸、印刷	80.69	采掘业	46.92	金属、非金属	35.05	信息产业	31.50
电力、煤气及水的生产和供应业	32.29	建筑业	44.20	金融、保险业	16.09	食品、饮料	24.61
房地产业	-24.92	电子	-21.74	医药、生物制品	-37.79	房地产业	-12.85
食品、饮料	-25.26	传播与文化产业	-22.62	纺织、服装、皮毛	-44.62	综合类	-13.90
采掘业	-32.97	纺织、服装、皮毛	-33.69	木材、家具	-48.90	金属、非金属	-20.01

资料来源：申银万国证券研究所。

第四节　2008 年基金市场创新展望

经历了两年的牛市后中国基金业将在 2008 年进入新的发展阶段，这不仅会体现为基金产品更加丰富，也将体现为基金业务发展进入新的阶段。

在牛市环境下基金产品创新会有所延误，这主要是因为牛市中股票型基金业绩突出，投资者更重视基金的收益特征，而会忽略基金的特色部分，从而降低了基金公司创新动力。2008 年资本市场的变动将加大基金公司对旗下产品的定位，产品创新将会重新激发基金公司的热情。

一、基金市场层面创新

2008 年基金市场层面创新将体现在三个方面：一是基金法规将更加细致和完善；二是基金产品将更加丰富，基金产品差异化将更加显著；三是基金专户理财业务将考验基金的多方面管理能力。

1. 基金法规将严防基金公司的利益输送问题。基金业务的扩展和不断延伸必将加大基金监管的难度，如何严防基金公司内部的利益输送将成为后期基金法规建设的重要组成部分。另外，《证券投资基金法》对基金投资范围限制较大，并不能满足当前基金业的发展，因此颁布新的《证券投资基金法》已迫在眉睫。我们相信，2008 年基金法规方面的建设将更加严密，基金业经过两年的高速发展之后，将在 2008 年进入更加规范化的发展过程中。

2. 基金产品创新动力将增强。前两年基金业的超常规发展使基金产品的创新有所减弱，但我们相信在 2008 年这种状况会有所变化。在基金投资品种丰富的情况下，基金产品的细化更加紧要。另外，基金公司旗下基金产品同质性问题已经越来越严重，而且可能会导致基金投资风格太过趋同而存在一定的投资风险。在这种情况下，基金公司如何对现有产品进行梳理来满足不同投资风格的投资者是在 2008 年即将面对的问题。具体到基金产品创新上，我们认为，一方面需要基金法规的配合，扩大基金投资范围，这样可以产生更多新的基金，如对冲基金、以投资期货产品为主的基金、产业基金等，这些都将为广大投资者提供新的投资选择；另一方面，证券投资基金应设计更多的风险收益对称品种，不仅要以股票型基金为主，还要发展债券型基金等其他更多低风险的品种。特别是债券型基金，目前均是以开放式基金形式存在，如果在封闭式基金中也引入债券型基金必将会带来新的投资产品，因为债券型基金如果以封闭方式存在，可以保证资金的安全性，选择的债券只要配合好久期就可以为投资者带来本金加利息的收益，这也可以为低风险资金提供更多可选择的品种。

3. 结构性产品创新在即。在股指期货等推出后，基金市场中也必定会出现以结构性产品为投资对象的基金。目前，国内基金产品主要是以股票和债券为投资对象，在金融市场逐渐丰富后基金投资范围也将大幅扩宽，以衍生产品为主要投资对象的结构性产品也将酝酿而生。

4. 基金公司业务创新。在基金公司专户理财业务正式推出之后，基金公司的业务创新也正式推出。如何兼顾"公募"与"私募"之间的业务差别是2008年对基金公司的重大考验。在基金公司专户理财业务中将会有更多长期资金进入，而且专户理财资金会对收益和风险有更具体的要求，基金公司要针对这些不同性质的资金有不同的投资方式，这也会增加市场资金的多样性，有利于中国资本市场的稳健发展。

当然，基金公司在发展业务上也存在差异，基金公司之间的竞争将会更加激烈，资产规模偏小的基金公司生存压力增大，如何提升基金公司竞争力也将成为2008年更多基金公司的课题。

二、基金管理人投资层面创新

基金投资行为在2008年将受到更多关注。基金在股票市场的"统治"地位可能会在2008年发生微妙变化。

1. 基金持股市值在2008年将会有所下降。2007年年末，基金持股市值占流通股市值的28%，在所有机构投资者中居主导地位。2008年，随着股市资产供给增大，"大小非"的不断解禁将会大大削弱基金的"统治"地位。在这种情况下，基金操作会更加谨慎，股市的波动也会随即增大。

2. 股票基金资产规模过大的格局会有所缓解。近两年的牛市造就了中国股票型基金的非常规发展，但在2008年基金对债券等低风险投资会更加关注，基金的投资风格将从成长性投资转向稳健投资。

3. 基金之间博弈会加大。在系统性牛市中基金关注的是相对收益，相对排名对基金的影响更重要。而在2008年基金会更加关注绝对收益，在市场价值挖掘已经相对充分的情况下，基金投资的优势会有所减弱，基金之间的博弈会更加突出。

4. 控制风险为上，精选个股为主。2008年，基金在满载丰收之后会更加关注风险，如何控制风险将会使得更多基金差异化增长，对个股的选择也将表现出各个基金对目前市场环境的理解。

2008年中国基金业发展值得期待，这不仅表现在基金市场的持续发展，还将体现在基金市场创新的不断推出。基金业在经历了多年的历练之后，在2008年将接受更大挑战，以便将投资优势始终发展下去。

我们对2008年基金的绝对收益预期下降，但在资本市场不断推陈出新的变化中基金将扮演更加积极的角色。我们相信，2008年基金市场创新将会推动基金业进入新的发展阶段。